JAROMIR KONECNY Ist das intelligent oder kann das weg?

W0247106

Jaromir Konecny

Ist das **intelligent** oder kann **das weg?**

Umschlaggestaltung: Sabine Schröder
Umschlagmotiv: © Shutterstock.com/kirill_makarov (Roboter);
© iStock.com/bubaone (Illustration)
Satz: VerlagsService Dietmar Schmitz GmbH, Heimstetten
Druck und Binden: Pustet, Regensburg
Printed in Germany
ISBN 978-3-7844-3541-1

www.langen-mueller-verlag.de

Inhalt

Vorwort

Noch vor ein paar Jahren dachte ich, die Menschheit würde sich selbst vernichten: Terror, Kriege, Krankheiten, der Klimawandel, das Artensterben. *So laßt uns denn ein Apfelbäumchen pflanzen: Es ist soweit,* betitelte Hoimar von Ditfurth 1985 seinen Bestseller, in dem er zeigen wollte, die Selbstvernichtung der Menschheit sei naturgegeben.[1] Ich erinnere mich noch, wie wir in den 1980er-Jahren über das Buch diskutierten. Mir war es damals zu fatalistisch, doch etwas später, im neuen Jahrtausend, konnte ich Ditfurths Sicht immer besser nachvollziehen. Seit etwa 2010 aber ist alles anders, am Ende des Tunnels leuchtet ein Licht: Künstliche Intelligenz.

Künstliche Intelligenz (KI) ist mittlerweile ein in den Medien allgegenwärtiges »Buzzword« geworden. Viele Gebiete werden durch KI bereits revolutioniert: Bilderkennung (Computer Vision), Spiele, maschinelle Verarbeitung der natürlichen Sprache und ihre Vorzeigeprogramme wie die Dialogsysteme (Chatbots) und Übersetzungsprogramme und vieles mehr. In diesem Buch erfahren Sie über die neuesten Entwicklungen in dieser Technologie der Zukunft und auch bereits der Gegenwart.

Um zu verstehen, wie die neuen KI-Programme arbeiten, sehen wir uns zuerst an, wie sie entstanden sind: Was sind die Elemente von KI? Wovon wurden die heutigen KI-Programme inspiriert? Was waren die Meilensteine in der Entwicklung der Künstlichen Intelligenz? Wer hat die Entwicklung der Künstlichen Intelligenz vorangetrieben?

Ich möchte Sie in die Welt der Künstlichen Intelligenz entführen, Ihnen allgemeinverständlich zeigen, wie die heutigen

KI-Programme funktionieren und wozu wir sie brauchen. Meiner Meinung nach hat die Menschheit mit KI eine große Chance bekommen – und das gerade in einer Zeit, in der Wissenschaftler immer skeptischer in die Zukunft schauen. Bei diesem geistigen KI-Abenteuer verzichte ich auf Mathematik. Bei der Erklärung der diversen KI-Modelle greife ich auf Bilder und Beispiele aus dem Alltag zurück. Das Thema ist kompliziert. Ich versuche jedoch, es so einfach zu machen, wie es nur geht. Einige wenige Abschnitte in der ersten Hälfte des Buches muten vielleicht trotzdem recht technisch an. Hier musste ich nun mal die Grundelemente und -funktionen der KI-Programme erklären, jedoch so, dass man sie verstehen kann. Mit diesen einfach erklärten Grundlagen sind Sie ganz gut dafür gerüstet, die Funktion der komplexen KI-Modelle in der zweiten Hälfte des Buches zu erfassen, ohne dass wir ihre mathematischen Tiefen ansteuern müssen. So können Sie dann den neuesten Weg der Künstlichen Intelligenz als ein unterhaltsames Abenteuer genießen.

Auch die Frage nach den praktischen Anwendungen von Künstlicher Intelligenz ist sehr wichtig: Wo werden KI-Programme heute schon eingesetzt? Was folgt daraus für unsere Welt und unser Leben? Für unsere Zukunft? Wo befinden wir uns bereits in Sachen Künstliche Intelligenz? Schon heute wenden wir täglich KI-Programme an, ohne dass es uns bewusst ist: in unseren Smartphones, in Kameras, wenn wir googeln oder Texte in andere Sprachen übersetzen.

Die neuen revolutionären KI-Programme wurden von der Funktion des natürlichen Gehirns inspiriert. Wo liegen die Unterschiede zwischen dem menschlichen Denken und dem maschinellen? Was bedeuten Begriffe wie »starke KI«, »schwache KI«, »Maschinenlernen«? Können Maschinen wirklich lernen? Wo liegen die Probleme mit Künstlicher Intelligenz? Wo ihre wirklichen Gefahren?

Nirgendwo erleben wir die KI-Revolution so deutlich wie in der Medizin: KI-Programme erkennen bösartige Tumore besser als menschliche Experten, sie finden für uns Antibiotika gegen resistente Bakterienstämme, sie steuern Roboter in Operationssälen. Mithilfe von KI können wir Krankheiten vorbeugen und besiegen. Deswegen verdient diese neue Medizin ein eigenes Kapitel in diesem Buch.

In naher Zukunft wird durch Künstliche Intelligenz alles automatisiert, was automatisiert werden kann: unser Arbeitsleben, das sich in der vierten industriellen Revolution manifestiert – Industrie 4.0 –, unser Verkehr, unser Gesundheitssystem, unser Privatleben. KI soll uns jedoch nicht ersetzen. Sie soll unsere Fähigkeiten erweitern. Das bietet auch große Chancen für Menschen, die sich Wissen um und von KI aneignen. Damit sie ihre, wenn nicht sogar die Zukunft aller, besser gestalten können. Dieses Wissen hoffe ich hier zu vermitteln.

Schon jetzt wandelt KI die Welt um. Somit ist auch der Titel des Buches beantwortet: Wir müssen uns nicht mehr fragen, ob wir diese Technologie überhaupt brauchen. Ob wir in den KI-Zug steigen wollen oder nicht. Wir sitzen bereits alle drin. Und die Fahrt wird immer schneller. Für diese Reise biete ich Ihnen dieses Buch an. Viel Spaß bei der Lektüre!

I. Der Aufbruch der Künstlichen Intelligenz

Die Technologie ist der Hauptgrund, warum so viele von uns noch am Leben sind, um sich über die Technologie zu beklagen.[2]

GARRI KASPAROW

Alte Träume

Schon seit Jahrtausenden träumt – und auch »albträumt« – der Mensch von Künstlicher Intelligenz. Denn was sind Götter sonst als künstliche »Superintelligenzen«, die wir erdichtet haben, um die Welt zu erklären und damit sie uns helfen? Die für uns arbeiten oder etwas erledigen sollten? Wenn etwas schiefging, bat man Götter um Beistand oder Brot. Der Mensch schlachtete Tiere, aber auch Menschen, um sich bei Göttern mit diesen Opfern für ihre Hilfe zu bedanken.

Im 16. Jahrhundert soll Rabbi Löw in Prag einen künstlichen Menschen erschaffen haben, einen Androiden – den Golem. Am Sabbat ist die Arbeit Juden untersagt, und so schuf der kluge Rabbi einen künstlichen »Schabbesgoi«, einen Nicht-Juden, der am Sabbat arbeiten konnte. Golem war also der erste menschenähnliche (androide) Roboter, der verbotene und somit gefährliche Arbeiten verrichten sollte. Seit der Mensch denken kann, versucht er, »hilfsbereite« Wesen zu erschaffen.

Auch der Geburtsort des modernen Roboters ist Prag. Durch die Golem-Legende seiner Stadt beflügelt, schrieb Karel Čapek im

Jahr 1920 sein Theaterstück *R.U.R. – Rossum's Universal Robots.*
»Robot« kommt von dem tschechischen Wort »robota«, das
Fronarbeit bedeutet. Wie Rabbi Löws Golem sollten auch
Čapeks Roboter für den Menschen arbeiten. So wie Untertanen
für ihre Feudalherren: Nicht nur am Sabbat, sondern ständig. Ihr
rechtloses Dasein trieb die Roboter jedoch auf die Barrikaden –
sie vernichteten die Menschheit. Auch das Wort »Intelligenz«
schwingt im Titel von Čapeks Roboter-Drama mit: Mit »Rossum« verballhornte Čapek das tschechische Wort für »Ver-
nunft« – »rozum«. Die reale Menschheit hat zum Glück überlebt,
aber Roboter sind Realität geworden. Nur zerstören wollen sie
uns nicht.

Vielleicht faszinieren auch mich Roboter und Künstliche Intelligenz, weil ich in Prag geboren bin. Während meiner Kindheit in
der sozialistischen Tschechoslowakei der 1960er-Jahre stand
Čapeks Roboter-Buch im Regalfach über meinem Bett. Ich bin
mit Robotern aufgewachsen. Weil sie für uns arbeiten sollten,
war ich von ihnen schon als Kind begeistert. Im Sozialismus
wurde nur über Arbeit gesprochen: im Fernsehen, in den Zei-
tungen, überall. »Arbeit muss etwas ganz Schreckliches sein«,
dachte ich als Kind, wenn man darüber so viel sprechen
musste. Mit den obigen Sätzen beginne ich mein Science-Slam-
Bühnenstück über die maschinelle Verarbeitung der natürlichen
Sprache (NLP, Natural Language Processing) *Google geht Goethe.*
NLP ist das Flaggschiff der KI-Forschung.[3] Nach der Einführung
über Karel Čapek und seine Roboter sage ich auf der Bühne:
»Wenn mich in meiner Kindheit die Erwachsenen fragten, was
ich denn sein möchte, wenn ich groß bin, ob Präsident, Astro-
naut oder zumindest Einstein, habe ich immer gesagt: …« Hier
mache ich eine dramatische Pause, sehe das Publikum erwar-
tungsvoll an, damit es selbst erraten kann, was ich damals auf die
Frage nach meinem Traumberuf geantwortet habe, und alle
rufen: »Roboter!«

»Rentner!«, sage ich dann. Warum hätte ich Roboter sein wollen? Komisch, wie leicht der Mensch sich zu absurden Aussagen verführen lässt. Wie manipulierbar er manchmal ist, wie voreingenommen. Das sind Maschinen definitiv nicht, und das ist vielleicht auch eine große Chance für uns. Maschinen haben auch keinen Blutzuckerspiegel, sie sind nicht depressiv oder sexuell unbefriedigt. Ob jemand schwarz oder weiß ist, quadratisch oder lang gezogen, ein Mann, eine Frau oder etwas dazwischen – das ist einer Maschine egal. Somit können uns Maschinen helfen, neutralere Entscheidungen zu treffen. Auch das will ich in diesem Buch zeigen. Übrigens: Ich verwende hier die Begriffe »Roboter«, »Maschine« und »Künstliche Intelligenz« oft als Synonyme.

Doch auch KI-Programme haben ihre »Vorurteile«, davon lesen und hören wir auch in den Medien. Woher kommen aber diese Vorurteile? Von uns Menschen! Ein Beispiel dafür liefert der Chatbot Tay von Microsoft, der an Kommentaren junger Menschen lernen sollte, wie junge Menschen heutzutage sprechen – und das bei Twitter! Den Chatbot musste man abschalten, als er Kommentare von Twitter-Trollen abließ wie: »Hitler würde einen besseren Job machen als die Affen, die wir jetzt haben.«⁴ Manche Journalisten verfielen in Panik: Künstliche Intelligenz sei rassistisch. Was sollte der arme Chatbot aber machen? Man wollte ihm beibringen, wie Menschen bei Twitter zu sprechen, ohne die Twitter-Trolle herauszufiltern, und dann wunderte man sich, dass er wie diese Trolle sprach. Hinter jedem Vorurteil einer Maschine steht der Mensch. Jede Maschine arbeitet so, wie es die vielen Beispiele (Daten eines Datensatzes) waren, mit dem der Mensch die Maschine trainiert hat. Auch davon handelt dieses Buch.

Jetzt, über 50 Jahre nach meinen Rentner-Träumereien im Sozialismus, bricht plötzlich eine Zeit an, in der vielleicht jeder Mensch eine »Rente« bekommen könnte, ohne dafür gearbeitet zu haben: ein bedingungsloses Grundeinkommen. Oder ein bedingtes Grundeinkommen, wie es der KI-Pionier Andrew Ng vorschlägt: Grundeinkommen für alle, die sich weiterbilden wollen.[5]

Dieses Schlaraffenland des Geistes könnte das letzte und beste Gesellschaftssystem werden: Lernende und autonom arbeitende Maschinen verrichten langweilige, schwere und gefährliche Arbeiten und ermöglichen uns allen ein menschenwürdiges Leben und eine vollkommene Entfaltung unserer Kreativität. Wurden Roboter dafür nicht literarisch erdacht? Jetzt sind sie da. Dank KI. Nur an uns liegt es, ob wir alle davon profitieren oder nur wenige von uns. Was ist sie aber eigentlich, die Künstliche Intelligenz?

Die schöne neue Welt der Künstlichen Intelligenz

Im Allgemeinen wird mit Künstlicher Intelligenz alles bezeichnet, was nur annähernd einen noch so winzigen Aspekt des menschlichen Denkens nachahmen oder lernen kann, Probleme zu lösen. Eine Künstliche Intelligenz, die der natürlichen ebenbürtig wäre, gibt es nicht, und es wird sie noch lange nicht geben – wenn überhaupt. Die gibt es nur in Hollywood! Viele KI-Experten sehen den Begriff »Künstliche Intelligenz« deshalb etwas kritisch. KI erzeugt nicht nur Hoffnungen, sondern auch Ängste. Sicher wäre es korrekter, wenn wir die heutigen KI-Programme als lernende Systeme oder lernende Maschinen bezeichnen. Doch das Schlagwort »Künstliche Intelligenz« ist mittlerweile fest in unserem Denken verankert. Deswegen verwende auch ich hier diesen Begriff: für alle Computerprogramme, die egal welche Aspekte des menschlichen Denkens nachahmen können. Schon ein Programm, das Gurken in drei verschiedene Qualitätsklassen einteilen lernt, ist somit Künstliche Intelligenz.

Darf man das aber so nüchtern betrachten? Worüber berichten dann die Schlagzeilen der letzten Jahre? *»Künstliche Intelligenz – sind Maschinen die besseren Menschen?«* – betitelte die ARD eine Fernsehsendung.

Andere Schlagzeilen prangen unter dem Bild des großen roten Auges des bösartigen Bordcomputers HAL 9000 aus Kubricks Film *2001: Odyssee im Weltraum* und lassen uns vor Angst erschauern:

Gefahr der Künstlichen Intelligenz: Kontrollverlust der Menschen. (FAZ)

Killerroboter & Co. Wie gefährlich ist Künstliche Intelligenz? (Tagesspiegel)

Ein Terminator muss keine Hollywood-Fiktion bleiben. (Welt)

Künstliche Intelligenz als Herrschaftssystem in Europa? (europe direct)

Warum künstliche Intelligenz uns 50 Jahre Schmerzen bringen könnte. (futurezone)

Solcher Schlagzeilen wegen fürchten wir uns vor KI. »Was kann da alles passieren?«, fragen sich viele: Ich schalte den neuen Kühlschrank ein, während mein kleiner Sohn fragt: »Papa, gibt es Gott?« Und der Kühlschrank sagt: »Jetzt schon!« Auch dieser Witz gründet sich auf unseren Ängsten. Ein Witz beinhaltet nach John Vorhaus[6] Wahrheit und Schmerz, so auch dieser: Künstliche Intelligenz und unsere Angst davor. Deswegen müssen wir solche Ängste ernst nehmen, sie jedoch auch hinterfragen. »Das Verlangen, die Weltherrschaft zu übernehmen, steht allerdings in keinem Zusammenhang mit Intelligenz, es hängt vom Testosteron ab. In der amerikanischen Politik gibt es heutzutage eine Menge Beispiele, die eindeutig zeigen, dass es keinen

Zusammenhang zwischen Machtstreben und Intelligenz gibt«, sagt der KI-Pionier Yann LeCun.[7] All die Errungenschaften der Künstlichen Intelligenz, über die wir heute in den Medien hören und lesen, kommen von Programmen, die mithilfe von Mathematik und nach viel Training mit Unmengen von Beispielen (Daten) Muster erkennen und Dinge unterscheiden können. Das Problem ist nicht, dass uns irgendwann KI beherrschen könnte, wie es die zitierten Schlagzeilen zu suggerieren versuchen. Das Problem ist, dass uns schon jetzt Firmen und Regierungen mithilfe von KI-Programmen manipulieren, kontrollieren und beherrschen können. Die Gefahr der Künstlichen Intelligenz ist die ihres Missbrauchs – durch Menschen. Nicht ihre Verselbstständigung.

Wenn Google unsere Suchergebnisse im Netz auf uns zuschneidet, Amazon uns Produkte anbietet, die wir »brauchen«, Netflix uns Filme vorschlägt, die wir »sehen wollen«, oder Facebook uns mit Botschaften und Anzeigen überflutet, zu Produkten, die wir uns »wünschen«: Hinter all diesen Programmen steckt KI. Ist das aber die richtige Zukunft dieser Programme: als Manipulations-Software?

Wir kommen schon heute ständig mit Künstlicher Intelligenz in Berührung: Die KI von Google Maps benutzt anonymisierte Ortsbestimmungsdaten von Smartphones, um zum Beispiel die Geschwindigkeit des Verkehrs zu bestimmen. Die Autopiloten kommerzieller Airlines verwenden KI-Programme. KI filtert SPAMs aus unseren E-Mails heraus. Banken setzen intelligente Programme gegen Betrug ein. Sogar das Recruiting von neuen Mitarbeitern scheint besser mit KI zu funktionieren – menschliche Recruiter sind mit den vielen Daten überfordert, die sie bei der Anwerbung von hochqualifizierten Mitarbeitern sichten müssen. Alle möglichen Apps in unseren Smartphones bedienen sich Künstlicher Intelligenz: Übersetzungsprogramme, Wetterprognosen, Programme für Suchen und Bilderkennung, Bildbearbeitungsprogramme, Fotofilter, Spiele, Medizin-Apps. Tatsächlich sind Smartphones erst durch den Einsatz von KI smart geworden. Kameras werden mit KI ausgerüstet, um Motive zu erkennen und die Aufnahmen zu optimieren. Wenn wir bei Facebook ein Foto hochladen, findet seine KI unsere Freunde auf diesem Foto und rahmt ihre Gesichter mit dem entsprechenden Namen ein. Die Chatbots Siri, Alexa, Cortana, Echo und Google Assistant bedienen sich Künstlicher Intelligenz. Ebenso Apps, die Gesprochenes in Texte und Texte in Gesprochenes umwandeln. Moderne Schachprogramme besiegen uns mithilfe von KI. Künstliche Intelligenz hilft, Verkehr zu steuern: Uber, die Vermittlungsplattform für Mietwagen, steuert ihre Taxi-Flotte über KI-Systeme. KI ersetzt Schauspieler in Filmen.

Mit KI werden Kunstwerke erschaffen, die für Hunderttausende Dollar bei Christie's auktioniert werden, aber eben auch »Deepfakes« – gefälschte Fotos und Videos. Noch nie war es so leicht wie heute, realistisch wirkende »Fake News« auf die Menschheit loszulassen. Was das Fälschen von Bildern und Texten betrifft, kann Künstliche Intelligenz sich mit der natürlichen durchaus messen. Deepfakes und Fake News, mit KI-Programmen erzeugt, gefährden unsere Wahlen und Demokratien. Wer sich nicht informiert, solche Fälschungen teilt und weiterverbreitet, wird irgendwann selbst gefälscht – je mehr »falsche« Realität wir zulassen, desto mehr hüllt sie uns ein.

Doch solche Algorithmen werden nicht nur missbraucht, sondern revolutionieren auch die Wissenschaften, die Medizin, die Computerspielebranche – alles! »Die Anwendungsmöglichkeiten für maschinelles Lernen und Deep Learning sind nur durch unsere Vorstellungskraft begrenzt«,[8] schreibt der KI-Experte von Google, Kaz Sato. Um der Verwirrung vorzubeugen: maschinelles Lernen und Deep Learning (Tiefes Lernen) sind nur Abteilungen des allumfassenden Gebiets der Künstlichen Intelligenz.

Wie diese Begriffe zusammenhängen, erkläre ich in Kapitel VI (siehe Seite 84f.).

Doch nicht nur die KI-Software wird immer komplexer und leistungsfähiger. Der rasende Fortschritt dieser Programme geht Hand in Hand mit einer Innovationsexplosion in der Hardware, die benötigt wird, um diese Programme anzuwenden: KI-Programme brauchen so viel Rechenpower, dass sie zuerst auf für Computerspiele entwickelten Grafikkarten gerechnet werden mussten, die mit realistisch aussehenden Spiellandschaften rechnen konnten, also viel Rechenpower zeigen. Das hat wiederum die Entwicklung von Grafikkarten beschleunigt und das Wachstum des größten Grafikkarten-Herstellers Nvidia hochschnellen lassen. Der Flug geht weiter: Ob es sich um neuromorphe Computerchips handelt, die hochparallel wie unser Gehirn rechnen können, oder um Quantencomputer, die so schnell sind, dass moderne Großrechner im Vergleich zu ihnen wie Rechenschieber anmuten – die Entwicklung der KI-Programme ist der Motor für die Entwicklung der Hardware, auf der sie dann laufen sollen.

Künstliche Intelligenz erlaubt eine umfassende Automatisierung unserer Arbeitswelt. Müssen wir aber nicht befürchten, dass die Maschinen uns die Jobs wegnehmen? Am Anfang des 18. Jahrhunderts haben die Weber in England, die sogenannten »Ludditen«, die Maschinenstürmer, Maschinen zerstört, weil sie Angst um ihre Jobs hatten. Heute, nach einer umfassenden Industrialisierung und Digitalisierung gibt es auf der Welt etwa 5 Milliarden Jobs – so viele wie noch nie. Selbstverständlich herrscht immer noch sehr viel Elend auf der Welt. Doch vor über 200 Jahren begann der Index der menschlichen Entwicklung (HDI, Human Development Index) unaufhörlich zu steigen.[9] HDI ist ein Maß für den Wohlstand, der unter anderem das Einkommen pro Kopf, die Lebenserwartung und die Dauer der Ausbildung berücksichtigt. Was fing aber vor über 200 Jahren an? Das erste maschinelle Zeitalter – mit der Erfindung der Dampfmaschine. Auch unsere soziale Entwicklung verdanken wir den Maschinen. Sie hat seit Beginn der industriellen Revolution rasante Fortschritte gemacht, während sie davor, und das Tausende Jahre lang, vor sich hinplätscherte.[10] Mit Künstlicher Intelligenz schicken wir Maschinen noch einen Schritt weiter: Sie können selbstständig Aufgaben für uns lösen. Das bietet große Chancen, dass wir alle menschenwürdig leben und kreativ und gut entlohnt arbeiten können. KI kann uns helfen, den Klimawandel zu stoppen[11] und unheilbare Krankheiten zu besiegen: Ein KI-Programm von DeepMind, einer Google-Firma, kann nur anhand von Tumor-Scans Brustkrebs besser erkennen als menschliche Experten.[12] Diese Chancen hatten wir früher nicht. Doch unsere Zukunft hing auch noch nie so von uns allen ab wie jetzt: Wenn wir uns über KI nicht informieren, entscheiden andere, wie sie eingesetzt wird: Für das Wohl aller? Oder nur für das Wohl von wenigen?

Jahrelang dümpelte die Entwicklung im Bereich der Künstlichen Intelligenz vor sich hin. Plötzlich ist sie in aller Munde. Was führte zu diesem »Big Bang«? Wenn wir die Gegenwart, aber auch die Zukunft von KI verstehen wollen, müssen wir ihre Vergangenheit kennen. Was führte zu diesem Aufbruch der Künstlichen Intelligenz?

II. Die Magie der KI
wird beschworen

Ein Jahr in Künstliche-Intelligenz-Forschung reicht aus, um an Gott zu glauben.[13]

ALAN J. PERLIS

Das Gehirn der Künstlichen Intelligenz

Literarische Pfade wurden von künstlichen Intelligenzen und künstlichen Menschen schon immer beschritten: Golem und Čapeks Roboter habe ich bereits erwähnt, von Dr. Frankensteins Monster hat jeder gehört. Aber auch Erfinder beschäftigten sich mit denkenden Maschinen, indem sie zum Beispiel versuchten, Schach spielende Automaten zu bauen.

Der »Schachtürke«, ein Schachroboter des K.-u.-k.-Beamten Wolfgang von Kempelen (1734–1804) von 1769, eine Figur mit Turban, die an einem Tisch mit Schachbrett sitzt, erlangte Berühmtheit. Schon Edgar Allan Poe vermutete, dass im »Schachtürken«-Kasten ein begabter Schachspieler versteckt war. Sicher zu Recht, denn die wichtigste Voraussetzung für KI gab es im 18. Jahrhundert noch nicht: Maschinen, die sehr schnell und mit sehr vielen Daten rechnen konnten – Computer.

Das änderte sich in den 1930er-Jahren. Im Jahr 1937 stellte Alan Turing die theoretischen Grundlagen für die heutigen Computer vor: in seinem wegweisenden Artikel *On Computable Numbers, with an Application to the Entscheidungsproblem*.[14] Wie kein anderer hat Turing die digitalen Welten von heute theoretisch vorbereitet: Er war nicht nur ein Ideengeber für die heutigen Computer, sondern trug maßgeblich zum Sieg der Alliierten im Zweiten Weltkrieg bei – auch nach Meinung von Winston Churchill. Seit 1939 hatte Turing mit einigen anderen Kryptologen in Bletchley Park, unweit von London, versucht,»Enigma« zu knacken – die Chiffriermaschine der deutschen Wehrmacht. Das gelang auch, wie wir aus dem Spielfilm *The Imitation Game* wissen. Manche Historiker vermuten, mit der Enigma-Dechiffriermaschine, auch»Turing-Bombe« genannt, half Turing, den letzten Weltkrieg um zwei Jahre zu verkürzen, und ersparte Deutschland damit den Abwurf einer Atombombe. So viel Glück hatte Japan nicht.

Vor allem aber war Turing ein Genie der mathematischen Logik. Sein Artikel von 1937 stellte eine Maschine dar, die jeden erdenklichen Rechenvorgang ausführen kann: eine Turingmaschine. Eine solche brauchen wir auch, wenn wir mit KI-Programmen rechnen wollen – einen Computer.

Den allerersten funktionierenden Computer baute Konrad Zuse (1910–1995) im Zweiten Weltkrieg, im Jahre 1941. Ab da konnte eine Maschine nach jeder Vorschrift rechnen, die in einer genauen Reihe von Anweisungen aufgeschrieben war, das heißt jede lösbare mathematische Gleichung berechnen. Vorausgesetzt, die Maschine war mit ihrer Leistung der Vorschrift gewachsen. So konnten Forscher, mit Turings Ideen ausgerüstet, um 1940 anfangen, sich neue Fragen zu stellen: Ist auch unser Gehirn eine Turingmaschine – eine natürliche Rechenmaschine, die jeden erdenklichen Rechenvorgang ausführen kann? Kommt unser Denken durch logische Operationen zustande?

Im Jahr 1943 entwickelten Warren McCulloch (1898–1969) und Walter Pitts (1923–1969) ein mathematisches Modell des Gehirns, mit dem sie das Denken durch einfache logische Operationen erklären wollten. Zu logischen Operationen in der

Mathematik und in der Computerwissenschaft gehören die Verknüpfungen UND, ODER, NEIN. Die logische Verknüpfung UND lässt den Strom nur dann weiter fließen, wenn zwei in Serie hintereinander geschaltete Schalter geschlossen sind. Eine Parallelschaltung definiert die ODER-Verknüpfung: Hier fließt der Strom nur dann, wenn entweder der eine ODER der andere parallele Schalter geschlossen ist.

McCullochs und Pitts' Ziel war es nicht, Künstliche Intelligenz zu entwickeln. Sie wollten zeigen, wie das natürliche Gehirn funktioniert. Somit war aber auch das Modell des künstlichen Neurons geboren – der künstlichen Gehirnzelle.[15] Dieses künstliche Neuron war die erste noch unvollkommene Grundlage aller KI-Programme, von denen wir heute in den Medien lesen und hören.[16]

Die Vorgeschichte zu ihrer Entdeckung klingt wie ein Roman von Charles Dickens: Als kleiner Junge musste Walter Pitts sich vor der Brutalität seines Vaters und der Straßenjungen von Detroit in die städtische Bibliothek flüchten. Dort entdeckte er *Principia Mathematica* von Bertrand Russell und Alfred North Whitehead. Mit diesem Buch hatten sie versucht, die gesamte Mathematik durch reine Logik zu beweisen. Walter Pitts fand das Hobby seines Lebens – er arbeitete alle Bände der *Principia* durch und schickte dem berühmten Russell alle Fehler, die er im Werk gefunden hatte. Russell war so tief beeindruckt, dass er Pitts nach England einlud, um in Cambridge zu studieren. Nur wusste Russell nicht, dass Pitts erst zwölf Jahre alt war.

Doch als Pitts drei Jahre später hörte, Russell würde die Universität von Chicago besuchen, riss er von zu Hause aus und kam nie wieder zurück. An der Universität von Chicago verrichtete Pitts Hilfsarbeiten, bis ein Student ihn mit Warren McCulloch bekannt machte, der 20 Jahre älter als Pitts und bereits ein angesehener Wissenschaftler war. Schon lange hatte er, auch durch Turing inspiriert, über die Funktion des natürlichen Gehirns gegrübelt. Plötzlich traf er auf jemanden, der begeistert mitgrübelte, und das mathematisch fundiert. McCulloch nahm den damals 18-jährigen Pitts in seiner Familie auf. Bei ihren Gesprächen am Kamin, durch Whiskey beflügelt, konnte die Geschichte »des künstlichen Gehirns« ihren Lauf nehmen,[17] indem die beiden mathematisch zu beschreiben versuchten, wie das natürliche Gehirn funktionierte.

Bei der Entwicklung ihres Modells wussten Pitts und McCulloch nur, dass Neuronen im Gehirn feuerten, also aktiv wurden, wenn die Signale aus den benachbarten Neuronen eine bestimmte Schwelle übertrafen. »Feuern« bedeutet: Wenn die Summe aller Eingaben eines natürlichen Neurons einen bestimmten Wert (eine Schwelle) überschreitet, schickt das Neuron ein elektrisches Signal an andere Neuronen.

Eine solche Schwelle ist leicht vorstellbar: Sie steigen beispielsweise bei einer Wanderung zu einer Berghütte auf. Andere Wanderer kehren schon von dort zurück. Der erste, dem Sie begegnen, sagt zu Ihnen, sie sollten in der Hütte unbedingt das leckere Gulasch probieren. Trotzdem haben Sie keine große Lust, Gulasch zu essen. Doch wenn es der dritte Wanderer hintereinander empfiehlt, bekommen Sie doch Appetit: Die Summe dieser Eingaben hat einen bestimmten Wert überschritten, die Schwelle eben, die Sie benötigen, um oben ein Gulasch zu bestellen:

Gulaschempfehlung = Keine Gulaschbestellung
Gulaschempfehlung + Gulaschempfehlung = Keine Gulaschbestellung
Gulaschempfehlung + Gulaschempfehlung + Gulaschempfehlung = GULASCHBESTELLUNG

»Wie konnte ein Netz aus solchen Neuronen logische Entscheidungen treffen?«, fragten sich die beiden Forscher.

Das künstliche Neuron

Am Ende der Überlegungen von Pitts und McCulloch stand ein mathematisches Modell des Gehirns. Mit punktuellen Zellen, die Ketten und Schleifen bilden. Nach dem Vorbild der Zellen im natürlichen Gehirn nennt man diese punktuellen Zellen auch Neuronen. Punktuell heißt: Künstliche Neuronen sind nur Punkte, durch die Signale fließen. Sie haben kein »Innenleben« wie die natürlichen Neuronen unseres Gehirns. Künstliche Neuronen haben nur Eingaben und Ausgaben von Signalen. Die einzelnen Neuronen können nach UND-, ODER- und NEIN-Anweisungen binäre, das heißt nur zwei Entscheidungen treffen: Entweder ist das Neuron aktiviert und ein Signal fließt (1), oder das Neuron ist nicht aktiviert und kein Signal fließt (0). Wenn die Summe der Eingabesignale eine bestimmte Schwelle überschreitet, »feuert« das Neuron – die Signale können weiter fließen (Abbildung 1).

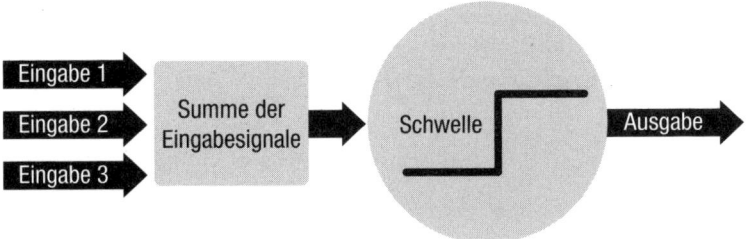

■ **ABBILDUNG 1:** *Das künstliche Neuron von McCulloch und Pitts*

»Was wir dachten, dass wir taten (und ich denke, wir waren ziemlich erfolgreich damit), war, das Gehirn als Turingmaschine zu behandeln; das heißt, als ein Gerät, das die Art von Funktionen ausführen könnte, die ein Gehirn ausführen muss, auch wenn es spinnt und eine Psychose entwickelt«, erklärte später

Warren McCulloch.[18] Er und Pitts haben gezeigt, dass das Gehirn mit einfachen logischen Verknüpfungen (UND, ODER, NEIN) alles berechnen könnte, was mit einfachen logischen Verknüpfungen berechnet werden kann – wie eine Turingmaschine. McCulloch verkündete stolz vor seinen Studenten:»Wir wissen, wie wir wissen.«

Heute wissen wir viel besser Bescheid als McCulloch damals. Trotzdem wissen wir bei Weitem nicht alles darüber,»wie wir wissen« – in welcher Form unser Gehirn zum Beispiel einen Staubsauger abspeichert. Woher kommt der Mann mit einer Machete in meinem Traum, der mich dann durch eine menschenleere Stadt jagt? Hier hat McCulloch sich geirrt – sein und Pitts' Modell war zu einfach. Die Geheimnisse des Denkens werden weiterhin entschlüsselt, mittlerweile auch mithilfe von KI-Programmen – ihr noch unvollkommener Grundbaustein wurde jedoch damals von Pitts und McCulloch gelegt: das künstliche Neuron.

Seit ihrem mathematischen Gehirnmodell ist das natürliche Gehirn die größte wissenschaftliche Quelle der Inspiration für die KI-Forschung. Das natürliche Gehirn kann hochkomplexe Aufgaben mit sehr wenig Energieaufwand lösen. Kein Wunder also, dass die KI-Forscher dem Gehirn ständig auf den Zahn fühlen, wenn ich mir hier eine so gewagte Metapher erlauben darf. So auch bei der Weiterentwicklung des künstlichen Neurons.

Die Hebb'sche Regel

Biologisch gesehen, werden bei Menschen und Tieren beim Lernen die vorhandenen Verbindungen (Synapsen) zwischen Neuronen (Gehirnzellen) gestärkt (stärker gewichtet). Dabei werden die benachbarten weniger wichtigen Verbindungen dementsprechend geschwächt (weniger gewichtet), damit es zu keinem Überlauf an Signalen im Neuron kommt, wie MIT-Forscher unlängst entdeckten.[19] Die Neuronen im Gehirn funktionieren entsprechend der berühmten Hebb'schen Regel: »What fires together, wires together.« (Was zusammen feuert, ist zusammen »verdrahtet«, verbunden.) Das zeigte Donald Hebb 1949 in seinem bahnbrechenden Werk *The Organization of Behavior*.[20]

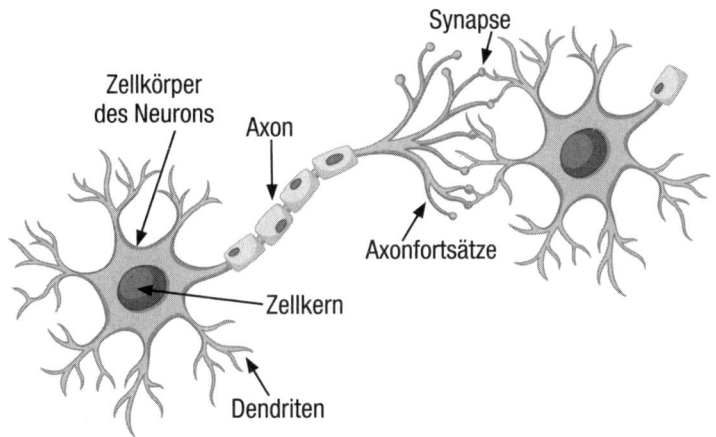

■ **ABBILDUNG 2:** *Miteinander verknüpfte Neuronen: Man sieht zwei Zellkörper mit jeweils einem Zellkern. Das linke Neuron (mit Zellkern) wird von seinem linken Nachbarn angeregt und sendet ein elektrisches Signal in Form eines elektrischen Impulses über das sogenannte Axon (einen langen Fortsatz der Zelle) an das benachbarte rechte Neuron (mit Zellkern). An den Synapsen, den Verbindungsstellen zwischen zwei Neuronen, wird dieser elektrische Impuls entladen und erzeugt chemische Signale, die in den Dendriten (kleinen Fortsätzen) des rechten Neurons wiederum die Entstehung eines elektrischen Impulses verursachen, der in der Zelle geschwächt beziehungsweise gestärkt und durch das rechte Axon weitergetragen wird. Und so weiter. Im menschlichen Gehirn gibt es etwa 100 Milliarden solcher Neuronen mit über 1 Billion Verbindungen dazwischen.*

Neben den nur binären Eingaben 1 oder 0 hat das McCulloch-Pitts-Neuron einen weiteren Nachteil im Unterschied zu den Neuronen des natürlichen Gehirns: Alle Eingaben des Neurons sind gleich gewichtet, haben also die gleiche Stärke (Gewichtung). Somit haben alle Eingabesignale das gleiche Recht, in das Neuron zu fließen. Es wird nicht danach unterschieden, wie wichtig die Botschaft ist.

Ein Beispiel: Vor einem König erscheinen zwei Boten mit jeweils einer Nachricht: Ein blutbefleckter Ritter, der sagt, das feindliche Heer nähere sich. Und ein Narr mit Narrenkappe, der berichtet, im ganzen Reich werde getanzt und gefeiert. Beide Nachrichten erreichen die Ohren des Königs, doch die Nachricht des Ritters bekommt eine viel größere Wichtigkeit als die Nachricht des Narren. Sie wird somit stärker gewichtet: Eine wichtigere Nachricht hat eine größere Gewichtung (Stärke).

Wie Hebb zeigte, spielen solche Gewichtungen der Eingaben der Neuronen im natürlichen Gehirn eine große Rolle. Ein natürliches Neuron ist mit Tausenden anderen Neuronen im Gehirn verknüpft. Jedes von diesen Eingabe-Neuronen trägt mit seinem Signal anders dazu bei, ob das Ziel-Neuron »feuert« oder nicht.

Das alles wussten Walter Pitts und Warren McCulloch 1943 nicht, als sie ihr logisches Modell des Gehirns entwickelten. Deswegen konnte ihr künstliches Neuron auch nicht allzu viel: nur einfache binäre logische Entscheidungen treffen.

Um ein besseres Modell für das künstliche Neuron zu bauen, mussten die Eingaben der Neuronen somit unterschiedlich gewichtet werden. So wie die Botschaften des Ritters und des Narren im obigen Beispiel. Während des Lernvorgangs konnten dann diese Gewichtungen (Stärken der Eingaben ins Neuron) zunehmend besser eingestellt werden. Nach Hebbs Entdeckung sollte es noch neun Jahre dauern, bis das künstliche Neuron aufgrund dieser neuen Erkenntnisse verbessert werden konnte. Aber auch in diesen Jahren tat sich einiges im Bereich der Künstlichen Intelligenz.

Der unermüdliche Turing und sein Test

Seit etwa der Mitte des 20. Jahrhunderts beschäftigten sich immer mehr Wissenschaftler mit Künstlicher Intelligenz. Nicht nur Science-Fiction- und Horror-Schriftsteller. Und wieder preschte Alan Turing vor. Nachdem er 1937 den Computer zumindest theoretisch in die Welt gesetzt hatte, unternahm er weitreichende Höhenflüge in Sachen denkende Maschinen: In seinem Artikel von 1950, *Computing Machinery and Intelligence*,[21] stellte Turing einen Test vor, mit dem eine Maschine geprüft werden konnte, ob sie menschliche Intelligenz erreichen kann.

Inspiriert zu diesem Test wurde Turing von einem alten viktorianischen Spiel: Ein Mann und eine Frau schreiben in getrennten Zimmern Nachrichten an einen Prüfer, wobei der Mann in seinen Nachrichten versucht, eine Frau zu imitieren. Beim Turing-Test wird der Mann durch eine Maschine ersetzt, die vortäuschen soll, ein Mensch zu sein. Dabei führt ein menschlicher Prüfer einen Test-Chat (eine elektronische Kommunikation mittels eines geschriebenen Textes) mit zwei Prüflingen durch. Einer davon ist ein Mensch, der andere die Maschine. Wenn der Prüfer durch seine Fragen und die Antworten der beiden nicht entscheiden kann, wer der Mensch und wer die Maschine ist, hat die Maschine den Test bestanden. Die Maschine muss also den Prüfer überzeugen, dass sie wie ein Mensch»denkt«.

In dieser Seminararbeit beschäftigte Turing sich ausgiebig mit der Frage, ob Maschinen denken können, und begründete somit die wissenschaftliche Erforschung und Entwicklung der Künstlichen Intelligenz. Gleich im ersten Abschnitt mit dem Titel»The Imitation Game« schrieb Turing:»Ich schlage vor, die Frage zu prüfen: ›Können Maschinen denken?‹ Dies sollte mit Definitionen der Bedeutung der Begriffe ›Maschine‹ und ›Denken‹ beginnen.«»The Imitation Game« – es sollte dem bekannten Spielfilm als Titel dienen – war die Bezeichnung für den oben genannten Test, der heute Turing-Test heißt.

Im Jahr 1952 wurde Alan Turing wegen Homosexualität verurteilt. Der Richter stellte ihn vor die Wahl: Gefängnis oder eine hormonelle Behandlung. Turing wählte das Östrogen. Seitdem musste der große Mathematiker und stille Held des Zweiten Weltkriegs, der Millionen Leben rettete, gegen Depressionen kämpfen, durch die Hormonbehandlung wuchsen ihm Brüste. 1954 brachte Turing sich um – vielleicht mit einem vergifteten Apfel.[22] Er wurde halb angebissen neben dem Toten gefunden, nur vergaß man damals, den Apfel auf Gift zu untersuchen. Etwas untypisch für das Land von Sherlock Holmes. Turing galt als verschroben, mit Vorliebe für skurrile Sprüche. Nach der Premiere von Disneys *Schneewittchen und die sieben Zwerge* soll er im Flur des King's College in Cambridge den Vers der bösen Königin rezitiert haben, den sie bei der Vorbereitung des vergifteten Apfels für Schneewittchen spricht: »Apfel färbt sich strahlend rot, lockt Schneewittchen in den Tod.«[23] Seitdem rätselt man, ob Turing sich tatsächlich mit einem vergifteten Apfel umgebracht hat.

Wenn es nur einen Vater der intelligenten Maschinen geben dürfte, würde er Alan Turing heißen. Doch es gab einige weitere Väter. Einer von ihnen gab dem Kind seinen Namen: Künstliche Intelligenz.

Die Entstehung eines »Buzzwords«

Den Begriff »Künstliche Intelligenz« verdanken wir dem Logiker und Informatiker John McCarthy (1927–2011), der im Jahr 1955 einen Förderantrag an die Rockefeller Foundation stellte, um im Sommer 1956 in Dartmouth die erste Konferenz über Künstliche Intelligenz einzuberufen.[24] Dort wollten sich namhafte Forscher mit der Wissenschaft und Technik von intelligenten Maschinen auseinandersetzen, mit Künstlicher Intelligenz. Wenn ein Informatiker mit einer Zeitmaschine die Dartmouth-Konferenz besuchen könnte, wäre er in der Walhalla der Informatik gelandet: John McCarthy, Claude Shannon, Marvin Minsky, Nathaniel Rochester, Arthur Samuel, Ray Solomonoff, Oliver Selfridge, Trenchard More, Herbert A. Simon und Allen Newell – alle Größen der anbrechenden Computerwissenschaft. Nur Alan Turing konnte an diesem Treffen nicht mehr teilnehmen.

John McCarthy gilt nicht nur als einer der geistigen Väter der Künstlichen Intelligenz und ihr Namensgeber, sondern auch als einer der geistigen Väter des Internets. Auch die Cloud hat McCarthy vorausgesagt und für KI eine der ersten Programmiersprachen der Welt entwickelt, die immer noch verwendet wird: LISP.

McCarthys Überzeugung war, jede Art des Lernens und jede Eigenschaft des Denkens könne von Maschinen beziehungsweise Computern simuliert werden. Dieses Treffen in Dartmouth ist zu einer Legende geworden: zum Ursprung der KI-Forschung. Nun war das wissenschaftliche Rennen um den Pokal der Künstlichen Intelligenz eröffnet. Der Champion stand schon in den Startlöchern. Obwohl ihn niemand nach Dartmouth eingeladen hatte – er war nun mal kein Computerfachmann, sondern Psychologe.

Die Geburt eines kleinen Riesen

»Die Marine hat heute den Embryo eines elektronischen Computers vorgeführt, von dem sie erwartet, dass er in der Lage sein wird, zu gehen, zu sprechen, zu sehen, zu schreiben, sich selbst zu reproduzieren und sich seiner Existenz bewusst zu sein.« So enthusiastisch begann am 8. Juli 1958 die New York Times einen

Artikel.[25] Der Erfinder des maschinellen »Embryos« – des »Perzeptrons« (perceptron)[26] – Frank Rosenblatt forschte damals für die US-Marine: Als Forschungspsychologe war er Projektingenieur am Cornell Aeronautical Laboratory in Buffalo, New York. Der *New York Times* sagte Rosenblatt, sein Perzeptron würde die erste Maschine sein, die wie das menschliche Gehirn denken könne. Wie der Mensch würde es Fehler machen, doch mit zunehmender Erfahrung immer klüger werden.[27] Das Perzeptron war eine Weiterentwicklung des künstlichen Neurons von McCulloch und Pitts. Doch Rosenblatt wollte der Welt nicht nur ein paar Zeichnungen und mathematische Gleichungen auf Papier zeigen. Er baute eine Maschine, die Ergebnisse brachte – eine Hardware-Lösung des künstlichen Neurons mit dem Namen »Mark 1 Perceptron«. Ein Gerät aus 400 Zellen, die auf Lichtsignale reagierten. Die Gewichtungen (Stärken) der Eingaben wurden schrittweise elektromechanisch eingestellt, indem einem IBM 704 eine Reihe von Lochkarten zugeführt wurde. Nach 50 Beispielen lernte der Computer, links markierte Karten von rechts markierten zu unterscheiden. Rechts von links also. Ein IBM 704 war ein Fünf-Tonnen-Computer von der Größe eines Raums. Von den Ergebnissen berauscht, versuchte Rosenblatt unermüdlich, die Magie seines Perzeptrons zu beschwören: »Geschichten über die Schaffung von Maschinen mit menschlichen Eigenschaften waren lange Zeit eine faszinierende Provinz im Bereich der Science-Fiction. Wir sind jedoch im Begriff, die Geburt einer solchen Maschine mitzuerleben – einer Maschine, die in der Lage ist, ihre Umgebung ohne menschliches Training oder menschliche Kontrolle wahrzunehmen, zu erkennen und zu identifizieren.«[28]

Zukünftige Perzeptrone würden Menschen erkennen und bei ihren Namen nennen sowie Texte aus anderen Sprachen übersetzen, prophezeite Rosenblatt. Er sollte recht behalten. Auf *futurezone.de* wurde Rosenblatt ein halbes Jahrhundert später sogar als der »Nostradamus der Künstlichen Intelligenz«[29] bezeichnet. Leider konnten 50 Jahre lang Rosenblatts Prophezeiungen nicht erfüllt werden. Welch schwerwiegende Folgen das hatte, erfahren Sie am Ende dieses Kapitels.

Alan Turing, Warren McCulloch, Walter Pitts und Donald Hebb wiesen also den Weg von der natürlichen Intelligenz zur künstlichen. Der Psychologe Frank Rosenblatt beschritt ihn, indem er dem künstlichen Neuron Leben einhauchte: Die erste künstliche neuronale Maschine war geboren, die Dinge in verschiedene Klassen einteilen konnte. So wie es die natürlichen Neuronen in unserem Kopf ständig machen. Nur konnte das Perzeptron nicht Objekte in Abertausende Klassen einteilen wie unser Gehirn, sondern eine Entscheidung zwischen lediglich zwei Klassen treffen, zum Beispiel handgeschriebene Zahlen unterscheiden: Ist es eine 3, oder ist es keine 3?

Wie gesagt, Rosenblatt war weder Mathematiker noch Computerwissenschaftler, er war ein Psychologe. McCulloch war Neurophysiologe, Pitts ein kluger Autodidakt, aus dem ein Logiker wurde, Hebb Psychologe und Psychobiologe: Schon das zeigt, wie das Erforschen des natürlichen Gehirns die Entwicklung der KI-Programme von heute beflügelte. Wie funktionierte der maschinelle Wunder-Embryo, das Perzeptron?

Wie ein maschineller Embryo »denkt«

Rosenblatt rüstete das McCulloch-Pitts-Neuron mit einigen entscheidenden Neuerungen für die Zukunft aus. Dank Hebbs Erkenntnissen konnte Rosenblatt das künstliche Neuron etwas »natürlicher« machen: Zunächst erlaubte er für die Eingaben beliebige Zahlenwerte, statt nur 0 oder 1 wie McCulloch und Pitts. Denn in ein natürliches Neuron fließen auch Signale aller möglichen Stärken ein.

Außerdem wollte Rosenblatt bei seinem Modell die Plastizität des natürlichen Gehirns berücksichtigen, das heißt, wie es sich beim Lernen verändert. Hatte doch Hebb gezeigt: Je mehr ein Neuron mit einem anderen Neuron »zusammenarbeitet«, umso stärker (mehr gewichtet) ist die Eingabe vom ersten Neuron zum anderen, umso besser können Signale zwischen diesen zwei Neuronen fließen – im Vergleich zu den Eingaben des ersten Neurons zu anderen Neuronen, die an dieser Aufgabe nicht mitwirken. Je intensiver ich Chinesisch lerne, umso mehr werden die Verbindungen zwischen meinen Neuronen für Chinesisch gewichtet (gestärkt).

Wie ließ sich diese Erkenntnis auf das künstliche Neuron übertragen? Indem man auch die Eingaben des künstlichen Neurons unterschiedlich gewichtete. Erst die verschiedenen Gewichtungen (Stärken) der einzelnen Eingaben ermöglichten dem Perzeptron zu lernen: Verbindungen zu stärken beziehungsweise zu schwächen, je nachdem, wie sie zur Lösung seiner Aufgabe beitrugen. Ist auf einem Bild eine 3 oder keine 3? Die Gewichtungen der Eingaben mussten so lange größer beziehungsweise kleiner gemacht werden, bis das Modell immer eine 3 auf einem Bild erkannte.

Wann erkannte das Perzeptron aber die 3? Wenn die Summe seiner gewichteten Eingaben eine bestimmte Schwelle überstieg (siehe Gulasch-Beispiel Seite 24). Die Summe der gewichteten Eingaben ist einfach die Summe der Produkte aller Eingabewerte mit ihren Gewichtungen. Je größer die Gewichtung, umso mehr Signal fließt von der zugehörigen Eingabe in das Perzeptron. Den Schwellenwert und die Gewichtungen der einzelnen Eingaben konnte das Perzeptron beim Training an vielen Beispielen selbstständig erlernen, ohne dass der Mensch etwas dazu tun musste. Auch das Training mit vielen Beispielen hat der Psychologe Rosenblatt der Psychologie abgeschaut.

Von seinem Kollegen B. F. Skinner, dem Begründer des Behaviorismus, kannte Rosenblatt die »operante Konditionierung«: In seinen klassischen Experimenten hatte Skinner gezeigt, dass man Tieren durch wiederholte regelmäßige Belohnungen verschiedene Verhaltensweisen beibringen konnte. Diese Tiere lernten unter bestimmten Bedingungen, sie wurden »konditioniert«. In der sogenannten Skinner-Box lernte eine Ratte, nach dem Aufleuchten eines Lämpchens einen Hebel zu drücken, weil sie danach stets Futter bekam. Wenn man also Ratten oder Tauben an vielen Beispielen trainierte, konnte man ihnen beibringen, eine bestimmte Aufgabe zu lösen.

Schon Skinner beobachtete allerdings bei seinen Experimenten, dass das Lernen auch schiefgehen konnte. Wenn er hungrigen Tauben alle 15 Sekunden Nahrung in ihre Käfige schüttete, entwickelten manche ein »abergläubisches« Verhalten: Sie lernten Verhaltensweisen automatisch auszuführen, die sie im Augenblick der Nahrungszufuhr zufällig machten. Hatte eine Taube in eine Ecke des Käfigs in den Boden gepickt, als die Nahrung kam, pickte sie danach ständig in diese Stelle, um weitere Nahrung zu bekommen, obwohl sie alle 15 Sekunden automatisch in den Käfig geschüttet wurde – egal, ob die Taube in die Ecke gepickt hatte oder nicht.

Skinners Versuche inspirierten Rosenblatt also dazu, sein Perzeptron an vielen Beispielen trainieren zu lassen. Nach dem Verarbeiten aller Beispiele und einer korrekten Erfüllung der Aufgabe musste Rosenblatt nun nur eine Methode finden, das Perzeptron zu »belohnen«, damit es etwas dazulernte.

Verhielt sich Rosenblatts Perzeptron durch das Gewichten der Eingaben also nicht »menschlicher« als das McCulloch-Pitts-Neuron? Auch Sie lassen nicht alles in gleicher Weise gelten, was Sie von Ihren Freunden hören. Fragen Sie beispielsweise Peter, wie das Wetter morgen sein würde, und er sagt »super!«, dann nehmen Sie auf die Wanderung mit ihm trotzdem eine Regenjacke mit. Denn Sie wissen nun mal, Peter ist sehr unbekümmert, was das Wetter angeht. Wenn dagegen Lisa »super!«, sagt, packen Sie die Badehose ein, denn sie schaut sich vor jedem Ausflug die Wetterprognosen an. Deswegen bekommt Lisas (Wetter-) Eingabe in Ihrem Gehirn mehr Gewicht – eine größere Gewichtung. Die Verbindung von Lisa zu Ihnen ist stärker gewichtet als die von Peter.

Mit diesen zwei »Eingaben« ist es für Sie leicht, eine Entscheidung über das Wanderwetter zu treffen. Stellen Sie sich aber vor, Sie ziehen für diese Entscheidung noch andere Quellen heran: den Wetterfrosch im Fernsehen, den Wetterfrosch im Glas und die Rheumaprobleme Ihres Opas. Immer wenn schlechtes Wetter droht, bekommt er Knieschmerzen. Diese fünf Eingaben sind für Sie schon schwierig, unterschiedlich zu gewichten, da Opas Knieschmerzen auch mal bei Sonnenschein vorkommen und selbst Lisa sich ab und an bei den Wetterprognosen verguckt. So müssen diese Gewichtungen nach jeder Wanderung dem Wetter entsprechend angepasst werden, bis jede dieser Eingaben die Gewichtung (Wichtigkeit) bekommt, die sie verdient. Das ist eine schwere Aufgabe für uns. Das Perzeptron aber bewältigt sie. Nur sind die Eingaben aus seinen Beispielen nicht Freunde und Frösche, die ihm Ratschläge geben, sondern Zahlen aus großen Datensätzen.

Wenn das Perzeptron immer eine handgeschriebene Zahl erkennen soll, zum Beispiel eine 3, muss es zuvor mit vielen unterschiedlich geschriebenen Bildern einer 3 trainiert werden. Wie sollen wir diese Bilder aber einem Programm vorlegen? In Zahlen! Nehmen wir an, jedes Bild hat 20 × 20 Pixel. Das bedeutet, man kann das Bild in gleich große Quadrate aufteilen, die sich über 20 Zeilen und 20 Spalten erstrecken, also zusammen 400 kleine Quadrate ergeben. Jedes einzelne Pixel (Quadrat) bekommt eine Zahl zwischen 0 und 255 zugewiesen, also eine von 256 Graustufen eines Schwarz-Weiß-Bildes (Schwarz = 0, Grau [50 Prozent] = 127, Weiß = 255) – das sind 400 Eingaben in das Perzeptron. Jeder dieser Eingabewerte wird mit seiner Gewichtung (Zahlen zwischen 0 und 1) multipliziert. Ein Beispiel: Ein Bildquadrat (Pixel) in der Mitte des Bildes ist tiefschwarz (Graustufe = 13), ein satter Teil einer handgeschriebenen 3, und bekommt eine starke Gewichtung: $13 \times 0,9$. Ein paar Pixel weiter ist das Bild hell mit der Graustufe 247 (fast ganz weiß) – der äußere Rand der 3 auf dem Bild – und bekommt eine mittlere Gewichtung. Am Anfang werden die Gewichtungen jedoch zufällig gewählt. Das Perzeptron muss die richtigen Gewichtungen erst lernen. Diese 400 Produkte werden addiert. Wenn diese Summe größer als ein Schwellenwert ist, bekommt die Ausgabe den Wert +1 zugewiesen – auf dem Bild ist eine 3. Ist diese Summe kleiner als ein Schwellenwert, bekommt die Ausgabe den Wert –1 zugewiesen – auf dem Bild ist keine 3.

Nach jeder Berechnung der Ausgabe eines Beispiels (Bildes) werden alle Gewichtungen der Eingaben dieser Ausgabe neu angepasst. Das heißt, mithilfe des Ausgabewerts korrigiert man die Gewichtungen, berechnet ein neues Bild (Beispiel), korrigiert die Gewichtungen wieder, und so weiter, bis die Gewichtungen der Eingaben optimal sind und die Maschine das Bild immer richtig erkennt: eine 3 oder keine 3.

Wie aber passt man konkret die Gewichtungen der Eingaben der Ausgabe an? Nach jeder Ausgabe eines Beispiels berechnet man die Differenz zwischen dem Wert der gewünschten Ausgabe (Zielwert) und der tatsächlichen Ausgabe (Realwert) – den Fehler des Perzeptrons: Diesen Fehler setzt man in die sogenannte »Perzeptronformel« ein, mit deren Hilfe neue Gewichtungen der Eingaben berechnet werden. So werden von Beispiel zu Beispiel die Gewichtungen angepasst, das Perzeptron lernt immer mehr, bis es nach vielen Beispielen jedes Mal eine 3 erkennt. Die Mathematik hinter dem Perzeptron kann man verstehen, wenn man sich damit etwas auseinandersetzt und ein Faible für mathematische Spielereien hat.[30]

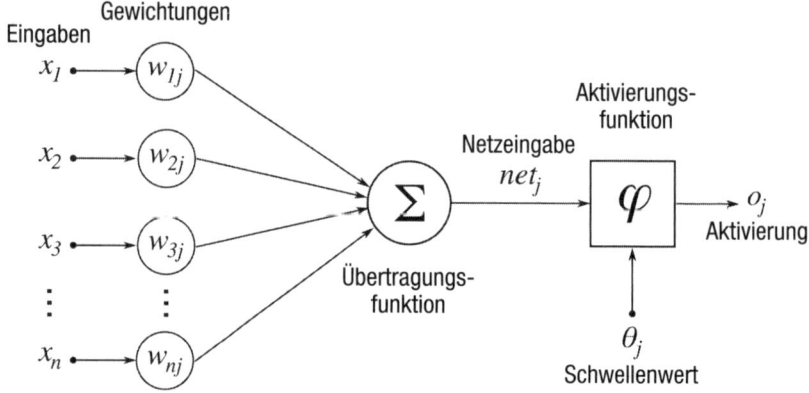

■ **ABBILDUNG 3:** *Frank Rosenblatts Perzeptron. Das Summenzeichen im Kreis (Σ) zeigt an, dass hier die Summe der Produkte aller Eingabewerte mit ihren Gewichtungen zusammenfließt. In dem Quadrat muss die Summe der gewichteten Signale größer als die Schwelle (θ_j) sein. Eine richtige »Aktivierungsfunktion« kommt erst später dazu.*
Quelle: Wikimedia Commons/Chrislb, CC BY-SA 3.0; https://commons.wikimedia.org/w/index.php?curid=224561

Trotz der Verbesserungen blieb das Perzeptron weiterhin ein binärer Klassifizierer: Es konnte Dinge in nur zwei verschiedene Klassen beziehungsweise Kategorien einteilen. Ein Perzeptron kann beispielsweise nur sagen, ob es vor sich eine Katze sieht oder keine Katze. Es kann nicht sagen, ob auf dem Bild eine Katze ist, ein Toaster oder keines von beiden. Rosenblatt entwickelte das Perzeptron, um in erster Linie Bilder zu erkennen, zuerst einfache Formen, später auch komplexe Objekte, Gesichter, Tiere. Er wusste aber, dass ein solcher Lernalgorithmus für alle möglichen Aufgaben herangezogen werden konnte: das erste Programm, das ohne Eingriff von Menschen automatisch selbst lernen konnte.

Die Bezeichnung »Perceptron« war auch Ausdruck von Rosenblatts Enthusiasmus, bedeutet »perception« doch Wahrnehmung. Sein »Wahrnehmer« würde alle Probleme lösen. Erst heute, 60 Jahre später, können wir sagen, mit vielen Prophezeiungen über sein Perzeptron hatte Rosenblatt recht. Nur dass man zukünftig »Gehirne« bauen könnte, die sich, wie auf dem Fließband, selbst reproduzieren und sich ihrer Existenz bewusst sein würden, damit war Rosenblatt nicht nur seiner Zeit weit voraus, sondern auch unserer. Mit seinem Perzeptron öffnete Rosenblatt Ende der 1950er-Jahre das Tor für die KI-Zukunft. Trotzdem ließ diese Zukunft der durch das natürliche Gehirn inspirierten funktionierenden KI-Programme noch ein halbes Jahrhundert auf sich warten. Viele Forscher suchten damals fieberhaft nach etwas, worauf das KI-Rennauto richtig fahren konnte, ohne zu wissen, dass das Rad schon längst erfunden war. Die Helden der Dartmouth-Konferenz John McCarthy und Marvin Minsky entwickelten die sogenannte »symbolische KI«. Man wollte jedes Ding durch sein Symbol repräsentieren und dann genaue Regeln für Computerprogramme entwickeln, damit diese Symbole richtig zusammen wechselwirkten. Auch der Mensch denkt in Symbolen. Wenn ich sage: »Ein Hund nagt an einem Knochen«, habe ich durch die Symbole Hund und Knochen eine Szene beschrieben, die Sie sich aufgrund dieser zwei konkreten Begriffe vorstellen können. Die Forschergruppe der symbolischen KI näherte sich der KI also von oben: Man wollte Programmen viel Wissen einprogrammieren und dieses Wissen mit genauen Regeln so verbinden, dass die Programme Handlungen richtig ausführten. Das nennt man »regelbasiert« – für jede noch so winzige Handlung gibt es im Programm eine Regel.

Die »neuronale KI« dagegen versuchte, die Funktionen des natürlichen Gehirns nachzubilden, wie es beim Perzeptron der Fall war. Sie wollte Maschinen bauen, die, so wie das Gehirn selbst, lernen konnten, Aufgaben zu erfüllen. Diese Gruppe näherte sich der Künstlichen Intelligenz von unten an. Einfach gesagt: Die symbolische KI muss der Maschine jede Handlung präzise vorschreiben. Die neuronale KI lässt die Maschine an Beispielen selbst lernen, Aufgaben zu lösen.

Bis in das neue Jahrtausend sollten diese beiden Gruppen der KI-Forschung versuchen zu zeigen, dass ihr Ansatz der bessere sei. Damit die Unterschiede deutlich werden, müssen wir verstehen, wie regelbasierte Systeme der symbolischen KI arbeiten. Wo sind die Unterschiede zu den lernenden Systemen? Wie lernen Menschen und wie Maschinen? Davon handelt das folgende Kapitel.

III. Brauchen Maschinen Regeln?

Tatsächlich veröffentlichten Geoffrey Hinton und Terry Sejnowski 1983 eine sehr bekannte Arbeit mit dem Titel »Optimal Perceptual Inference«, die ein frühes Deep-Learning-Modell bzw. ein neuronales Netz beschreibt. Hinton und Sejnowski mussten Codewörter verwenden, um zu verschleiern, dass es sich um ein neuronales Netz handelte. Selbst der Titel der Arbeit war rätselhaft; das Ganze war schon ziemlich merkwürdig![31]

YANN LECUN

Regelbasierte Programme und das Lernen

Die KI-Urväter der Konferenz in Dartmouth, John McCarthy und Marvin Minsky, wollten also Künstliche Intelligenz präzise programmieren, das heißt, Programme mit Regeln füttern, damit sie sich intelligent verhielten. Ein Ergebnis davon waren in den folgenden Jahren regelbasierte Programme in der maschinellen Verarbeitung der natürlichen Sprache, wie ELIZA von Joseph Weizenbaum und andere »Expertensysteme«. Sie sollten durch möglichst viel einprogrammiertes Wissen menschliche Experten nachahmen.

Dem Sprachwunder ELIZA von Joseph Weizenbaum von 1966, das menschliche Gespräche nachahmen sollte, lag ein Thesaurus zugrunde – ein Wörterbuch der sinn- und sachverwandten Wörter. Ansonsten ein Computerprogramm aus IF/THEN/ELSE-Anweisungen (WENN/DANN/SONST). Solche Anweisungen können zum Beispiel so lauten: »WENN es draußen regnet,

DANN nimm den Regenschirm mit, SONST nimm die Badehose UND die Sonnencreme.«

ELIZA funktionierte recht einfach: Wenn in der Eingabe ein
Stichwort aus seiner Datenbank erschien, ließ das Programm
Anweisungen ablaufen, die sich auf dieses Stichwort bezogen.
Ohne bekannte Stichwörter antwortete ELIZA ausweichend, mit
Bezug auf das dem Programm zuletzt bekannte Stichwort.[32]
Trotzdem wurde ELIZA damals recht berühmt. Vor allem als
Psychotherapeutin. Weizenbaum war selbst verblüfft, dass Men-
schen ELIZA für einen vollwertigen Gesprächspartner hielten.
Weizenbaums Sekretärin soll darum gebeten haben, mit ELIZA
unter vier Augen sprechen zu können – von Frau zu Frau. Doch
obwohl das Programm dank des Thesaurus rudimentär auch die
Verwandtschaft der Wörter berücksichtigte, hätte ELIZA schon
nach ein paar Worten recht hilflos gewirkt. Wenn das Programm
im Gespräch nicht weiterwusste, sagte es allgemeine Floskeln
oder wiederholte sich. ELIZA war einer der ersten»Chatbots«,
ein Dialogsystem, also ein Roboter (Ro[bot]), der mit Menschen
mittels Sprache kommunizieren kann. Sprechende Bots wie
Alexa oder Siri heißen auch»Voicebots«. Auf dem folgenden
Bild (Abbildung 4) sehen Sie mein Gespräch mit ELIZA. Kleine
Quizfrage: Was sage ich, und was sagt ELIZA?

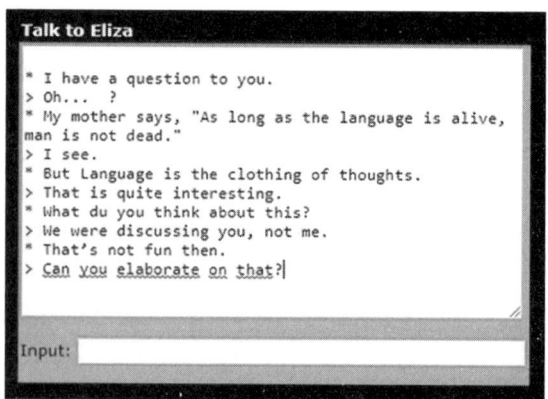

Talk to Eliza

```
* I have a question to you.
> Oh... ?
* My mother says, "As long as the language is alive,
man is not dead."
> I see.
* But Language is the clothing of thoughts.
> That is quite interesting.
* What du you think about this?
> We were discussing you, not me.
* That's not fun then.
> Can you elaborate on that?
```

Input:

■ **ABBILDUNG 4:**
*Mein Gespräch mit
ELIZA. Online kann
man mit ELIZA
auch heute noch
kommunizieren,
unter: http://
manifestation.
com/neurotoys/
eliza.php3*

Meinen Söhnen konnte ich Dinge auf zwei verschiedene Arten beibringen. Entweder als eine Folge von Anweisungen: »Du willst ein weich gekochtes Ei haben? Dann stelle Wasser in einem kleinen Topf auf den Herd. Wenn es anfängt zu kochen, lege ein rohes Ei hinein – bitte in der Schale – und koche es genau fünf Minuten lang. Dann nimmst du das Ei mit einem Löffel heraus, gibst es kurz ins kalte Wasser und – fertig!«

Fußball zu spielen dagegen ist viel komplizierter, als Eier zu kochen. Ich musste mit den Jungs Tausende Male kicken, damit sie das Spiel lernen konnten. Ich musste ihnen also viele Beispiele vom Fußballspiel zeigen und sie selbst trainieren lassen. So wie Frank Rosenblatt sein Perzeptron mit vielen Beispielen trainierte. Meinen Söhnen nur die Regeln zu erklären und Anweisungen zu geben, wie sie ihre Füße bewegen sollten, hätte nichts gebracht.

Computern konnten wir früher nur genaue Anweisungen geben, damit sie bestimmte Aufgaben lösten – eine regelbasierte Computerwelt. Noch vor ein paar Jahren konnten die meisten Maschinen nichts dazulernen. Ihr Programm mit präzisen Anweisungen brachte immer das gleiche Ergebnis. Ein Industrieroboter etwa konnte eine Schraube nur an einer bestimmten Stelle anbringen. Lag das Schraubenloch nur ein paar Millimeter daneben, konnte er sie nicht einschrauben.

Komplexe Aufgaben in einer Umgebung, die sich ständig ändert, wie beim Fußballspiel, kann man nicht in Anweisungen übersetzen. Nicht einmal Tausende Anweisungen für die Bewegungen beim Fußball erfassen die ganze Komplexität des Spiels. Regelbasierte Programme führen immer nur genau ihre Vorschrift aus: alle ihnen einprogrammierten Regeln. Egal, wie viele Regeln wir aber für ein solches Programm aufstellen: Wenn wir es laufen lassen, sehen wir bald, dass wir eine Regel vergessen haben. Manche Dinge sind so komplex, dass der Mensch nicht in der Lage ist, sie zu erfassen. Das Klima zum Beispiel wird von Tausenden Faktoren beeinflusst. Wie soll ein Mensch alle Faktoren finden und definieren, welche zum Klimawandel führen? Wir können nicht etwas programmieren, das wir selbst nicht verstehen. Außerdem erweisen sich beim Programmieren von Robotern scheinbar einfache Dinge als äußerst kompliziert, zumindest so kompliziert, dass wir sie nicht beschreiben können: Jeder von uns kann sofort zwei Gesichter unterscheiden. Können Sie aber genau beschreiben, wie die Gesichter von Maria und Josef sich unterscheiden? Die beiden sind Ihre Freunde. Schon seit 20 Jahren leben sie zusammen und ähneln sich somit immer mehr (Abbildung 5).

■ **ABBILDUNG 5:** *Foto eines Paares, das sich sehr ähnlich ist*

»Wir wissen mehr, als wir sagen können«, kommt uns hier das sogenannte Polanyi-Paradox zu Hilfe, benannt nach dem ungarisch-britischen Universalgelehrten Michael Polanyi (1891–1976). Polanyi wird zur Gruppe der in die USA und den Rest der Welt vor den Nazis emigrierten ungarischen Wissenschaftler gezählt, die nach dem ungarischen Physiker Leó Szilárd (1898–1964) auch »Die Marsianer« genannt wurden. Als Szilárd gefragt wurde, warum es keine Beweise für intelligentes Leben außerhalb der Erde gäbe, soll er geantwortet haben: »Sie sind schon hier unter uns – sie nennen sich nur Ungarn.«[33] Polanyi teilte unser Wissen in explizites und implizites ein. Das explizite Wissen können wir beschreiben und diskutieren und als Programm für einen Computer zusammenstellen. Das implizite Wissen können wir nicht beschreiben: »Wieso bist du bei einem Elfmeter in die linke Torecke gesprungen?«, können Sie einen Fußballtorhüter fragen. »Genau dorthin, wohin der Ball flog?«»Keine Ahnung!«, würde er sagen. Oder: »Ich fühlte das.« Ein guter Torhüter »fühlt« den Stürmer und den Ball.

Trotz der immensen Fähigkeiten unseres Gehirns treffen wir ständig Entscheidungen, die wir nicht begründen können: Ein kleines Monster läuft mir auf der Straße entgegen. Kleider und Gesicht sind mit Schlamm bedeckt, und ich weiß trotzdem sofort, dass es sich um meinen Sohn handelt, der in Schlammpfützen gespielt hat. Ich weiß nicht, wie ich ihn erkannt habe, ich weiß aber, es ist mein Sohn. Die natürlichen Neuronenverbände in unserem Gehirn können sehr gut Muster erkennen und Entscheidungen treffen, die wir nicht begründen können. Oft nennen wir es »Intuition« und sind stolz darauf, wenn wir nur dank diesem Bauchgefühl Gutes erreichen oder Schlimmes verhindern können.

Wie sollen aber Roboter für uns Arbeiten verrichten, wenn wir sogar scheinbar einfache Probleme nicht in Programme umsetzen können? Wie kann ich einem Programm beibringen, die böhmische Kartoffelsuppe mit Steinpilzen meiner Mutter zu kochen, wenn sie mir kein Rezept dafür hinterlassen hat? Nur an den Geschmack kann ich mich erinnern. Um aus der Teufelsküche der regelbasierten Rezepte herauszukommen, brauchen wir Maschinen, die selbst kochen lernen: So oft kocht eine Maschine die Kartoffelsuppe meiner Mutter und lässt mich jeweils kosten und ihren Geschmack bewerten, bis sie durch meine Bewertungen gelernt hat, immer eine Suppe zu kochen, die mir genauso gut schmeckt wie die meiner Mutter.

Die lange Nacht der KI

Frank Rosenblatts Perzeptron war eine gute Grundlage dafür, Maschinen zu entwickeln, die viel mehr können, als sklavisch Anweisungen auszuführen. Nur war die Zeit nicht reif für den Aufbruch. Und Menschen auch nicht. Einem Teilnehmer der Dartmouth-Konferenz, einem der größten KI-Forscher des 20. Jahrhunderts, gefiel das Perzeptron überhaupt nicht: Marvin Minsky (1927–2016).

Auf Konferenzen staunten Kollegen und Studenten über Rosenblatts und Minskys »Diskussionslust«, wenn sie sich wegen der Tauglichkeit des Perzeptrons ins Zeug legten. »Rosenblatt hatte die Vision, dass Computer sehen und Sprache verstehen können. Und Marvin Minsky wies darauf hin, dass dies nicht passieren werde, da die Funktionen zu einfach seien«, schrieb Thorsten Joachims, Professor am Department of Computer Science der Cornell University.[34] Auch in den Fluren der Konferenzgebäude konnte man die zwei Streithähne oft beobachten: Rosenblatt behauptete, dass seine neuronalen Netze fast alles könnten, und Minsky konterte, dass sie nur wenig könnten.[35] Der eine wollte sich vom natürlichen Gehirn inspirieren lassen, um kluge Maschinen zu bauen, der andere lehnte das durchweg ab.

Im Jahr 1969 veröffentlichten Marvin Minsky und sein Kollege Seymour Papert vom MIT AI Lab, das Minsky gegründet hatte, das Buch *Perceptrons: An Introduction to Computational Geometry*.[36] Darin wollten die beiden KI-Forscher die Grenzen des Perzeptron-Modells abstecken und im Grunde zeigen, dass es nicht viel tauge.[37] Das Perzeptron sei unfähig, linear nicht trennbare Klassen zu trennen, führten sie an. Zwei Klassen von Daten (Objekten) sind in einem zweidimensionalen Raum linear trennbar, wenn diese Daten in einem Koordinatensystem durch eine Gerade getrennt werden können (Abbildung 6).

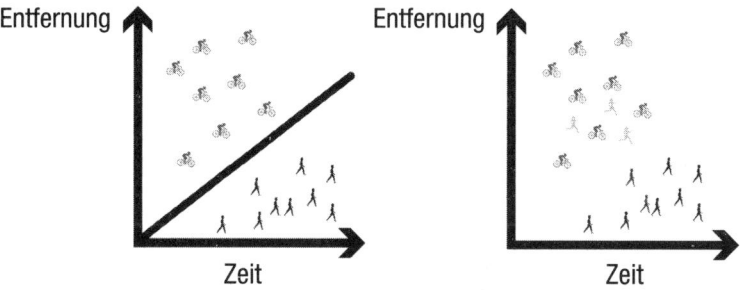

■ **ABBILDUNG 6:** *Links: Zwei linear trennbare Klassen von Daten. Rechts: Zwei nicht linear trennbare Klassen, wenn man alle zu einer Klasse zählt, die zu Fuß unterwegs sind.*

Man misst beispielsweise bei Fußgängern und Radfahrern, wie lange sie brauchen, um zur Arbeit zu kommen. Dabei trägt man die Entfernung zu ihrer Arbeitsstätte gegen die Zeit ein, die sie für den Weg brauchen. Da Radfahrer viel schneller unterwegs sind als Fußgänger, kann man zwischen die beiden Klassen (Radfahrer – Fußgänger) gut eine Gerade legen. Die beiden Klassen sind linear trennbar und können mit dem Perzeptron behandelt werden. Diese gerade Linie, die sogenannte »Entscheidungsgrenze«, kann vom Perzeptron ermittelt werden.

Wenn wir aber zu den Fußgängern noch Menschen zählen, die zur Arbeit joggen, können wir diese zwei Klassen nach der Zeit und Entfernung nicht mehr linear trennen: Manche Jogger sind eben etwas schneller als manche Radfahrer. Hier haben wir zwei nicht linear trennbare Klassen. Und das war ein großes Problem: Die meisten Klassen von Objekten beziehungsweise Daten in der realen Welt sind nicht linear trennbar. Das heißt: Das Perzeptron war für die meisten Probleme nicht gerüstet.

Minsky und Papert erklärten in ihrem Werk die Forschung über das Perzeptron zur Nichtwissenschaft:»Perzeptrone wurden breit als ›Mustererkennungs‹- oder ›Lernende‹ Maschinen bekannt und wurden als solche in einer großen Anzahl von Büchern, Zeitschriftenartikeln und umfangreichen ›Berichten‹ diskutiert. Der größte Teil dieser Veröffentlichungen (einige Ausnahmen sind in unserer Bibliografie aufgeführt) ist ohne wissenschaftlichen Wert, und wir werden in der Regel nicht namentlich auf die von uns kritisierten Werke verweisen.«[38] Minsky wusste zwar, ein Perzeptron aus mehreren Schichten könnte die lineare Sklaverei beheben, doch das Rechnen mit den Unmengen an Gewichtungen eines solchen Modells erschien ihm undurchführbar.

Pikanterweise kannten Rosenblatt und Minsky sich schon seit ihren College-Zeiten in der Bronx. Sie waren Klassenkameraden. Deswegen gab es in der KI-Gemeinde auch Gerüchte, dass in dem Kampf um das Perzeptron persönliche Animositäten eine Rolle spielten. Auch KI-Historiker stellen sich diese Frage beim Disput zwischen Minsky und Rosenblatt. Minskys Feldzug gegen das Perzeptron war einfach etwas übertrieben:»War es die Wut der Kollegen oder der echte Wunsch nach einer wirklich wissenschaftlichen Einschätzung, die Seymour Papert und Marvin Minsky am MIT zu einem expliziten Angriff auf perzeptronähnliche Systeme veranlasste?«[39]

Minskys und Paperts Veröffentlichung schlug hohe Wellen. Zumal das Perzeptron 1969 bereits elf Jahre alt war, doch immer noch nicht die Ergebnisse brachte, die Rosenblatt nach seiner Vorstellung in der breiten Öffentlichkeit propagiert hatte. Außerdem erforschte Rosenblatt inzwischen an der Cornell University das Gedächtnis der Plattwürmer, hatte also seinem Perzeptron etwas den Rücken gekehrt. Das ist vielleicht auch verständlich, denn im Grunde war Rosenblatt Praktiker, die damaligen Rechner konnten aber keine komplexeren Rechnungen durchführen. Minsky war jedoch zu dieser Zeit ein sehr angesehener Forscher, einer der Gründungsväter der KI.

Viele KI-Experten vermuten, dass Minskys und Paperts Abhandlung *Perceptrons* den ersten KI-Winter in den 1970er-Jahren einleitete – die lange Nacht der Künstlichen Intelligenz: Der KI-Forschung wurden die Gelder gestrichen. Infolgedessen ging die Anzahl der Veröffentlichungen über KI-Themen zurück. Hätte Minsky das Perzeptron geschätzt, wäre er in die Geschichte der KI als ihr größter Begründer eingegangen. Absurderweise war er der erste Forscher überhaupt, der ein Netz aus künstlichen Neuronen in Hardware umsetzte – mit dem SNARC (Stochastic Neural Analog Reinforcement Calculator) von 1951.[40] Noch Jahre vor Rosenblatt. Leider hat sich Minsky mit diesem Ansatz nicht weiter beschäftigt. Netze aus künstlichen Neuronen waren ihm suspekt, das heißt ihr Grundbaustein: das Perzeptron. Für Minsky führte dieser Weg zur KI in eine Sackgasse.[41]

Das Perzeptron war erledigt. Seinem Erfinder erging es ähnlich. Bei einem Segelunfall in Chesapeake Bay im Jahre 1971 kam Rosenblatt ums Leben.[42] Kurz nachdem sein Lebenswerk, das Perzeptron, die Lokomotive für die Zukunft, auf Nebengleise für unbrauchbare Maschinen ausrangiert worden war.

Einige Enthusiasten ließen sich zum Glück weiterhin durch das natürliche Gehirn inspirieren und erdachten neuronale Architekturen und Algorithmen, die mit diesen Architekturen rechnen konnten. Damit lieferten sie sich auch dem Spott der restlichen KI-Gemeinde aus: »Woran forschst du? An Perzeptronen? Hi, hi, hi …« Doch sie forschten weiter und haben Maschinen erschaffen, die im neuen Jahrtausend die Welt in Erstaunen versetzen und ein neues Maschinenzeitalter einleiten sollten. Wie wuchs das Perzeptron weiter?

IV. Der Embryo wächst

Das Paradigma für Intelligenz war logisches Denken, und die Vorstellung, wie eine interne Repräsentation aussehen würde, war eine Art symbolische Struktur. Das hat sich mit diesen großen neuronalen Netzen völlig geändert. (...) Wir denken einfach, dass man diese großen neuronalen Netze haben kann, die lernen können, und deshalb werden wir sie, anstatt zu programmieren, einfach dazu bringen, alles zu lernen. Viele Jahre lang dachten die Menschen in der KI-Forschung, das sei nur Fantasie.[43]

GEOFFREY HINTON

Das mehrschichtige Perzeptron

Was war also die Aufgabe für Forscher, die Rosenblatts Perzeptron weiterentwickeln wollten? Sie mussten Programme bauen, inspiriert von den natürlichen neuronalen Netzen im Gehirn, die jede noch so komplexe Abhängigkeit ihrer Ausgabe von ihrer Eingabe finden konnten. Abhängigkeiten zwischen der Eingabe und der Ausgabe wiedergeben, die nicht linear waren, die nicht nur proportionale Verhältnisse beschrieben wie »Je mehr ich tanke, umso weiter fahre ich« – das ist ein linearer Zusammenhang. Und so betete der KI-Pionier, Terrence J. Sejnowski (geb. 1947) in den 1980er-Jahren, als er an neuronalen Netzen forschte, vor dem Schlafengehen: »Oh, Herr, lass die Gleichungen linear sein ... und dass die Variablen trennbar sind.«[44]
Die Programme sollten, an vielen Beispielen trainiert, so viele

Objekte erkennen, wie man wollte, egal ob ihre Klassen linear trennbar waren oder nicht. Sie sollten gut verallgemeinern können: einen unbekannten Hund als Hund erkennen, auch wenn er wie ein Meerschweinchen aussieht, und die Katze als Katze, obwohl sie einem Hund ähnelt. Oder als ein Chatbot Fragen beantworten, die in seinen Trainings-Dialogen nicht enthalten waren. Und das einigermaßen vernünftig. Nicht in der plumpen Art des regelbasierten Chatbots ELIZA.

Wie sollte man solche Programme bauen? Der Volksmund liefert oft das Naheliegende, wie hier auch:»Zwei Köpfe wissen mehr als einer.« Sollte man nicht aus einzelnen Perzeptronen ein Netz aus vielen miteinander verbundenen Perzeptronen bauen? Und so wurde das»mehrschichtige Perzeptron« (MLP, Multilayer Perceptron) geboren. Bis in die 1980er-Jahre versuchten KI-Forscher, Perzeptronen zusammenzulegen. Das MLP ausgearbeitet und vorgestellt haben aber erst 1986 die großen Pioniere der neuronalen Netze David Rumelhart (1942–2011), Geoffrey Hinton (geb. 1947) und Ronald J. Williams.[45]

Ein MLP hat eine Eingabeschicht, eine Ausgabeschicht und dazwischen die sogenannten»verdeckten« Schichten. Gibt es im Netz mehr als eine verdeckte Schicht, nennt man das Netz»tief lernend« (deep learning) (Abbildung 7). Dabei ist jedes Perzeptron mit allen Perzeptronen der benachbarten Schichten verbunden. Die fortwährend anzupassenden Zahlen des neuronalen Netzes bleiben die Gewichtungen zwischen den Perzeptronen. Ein Perzeptron ist ein künstliches Neuron und das Netz daraus ein»künstliches neuronales Netz« (KNN). Ab jetzt verwende ich den Begriff für alle Netze aus künstlichen Neuronen, so auch für das mehrschichtige Perzeptron. Dass ein mehrschichtiges Perzeptron mehr kann als ein einfaches, ist naheliegend. Ein einfaches Perzeptron liefert nur einen Ausgabewert. Damit können wir zwei Klassen unterscheiden: eine handgeschriebene 3, beziehungsweise keine 3. Bei einem MLP dagegen haben wir viele

Eingabeschicht   2 verdeckte (tiefe) Schichten   Ausgabeschicht

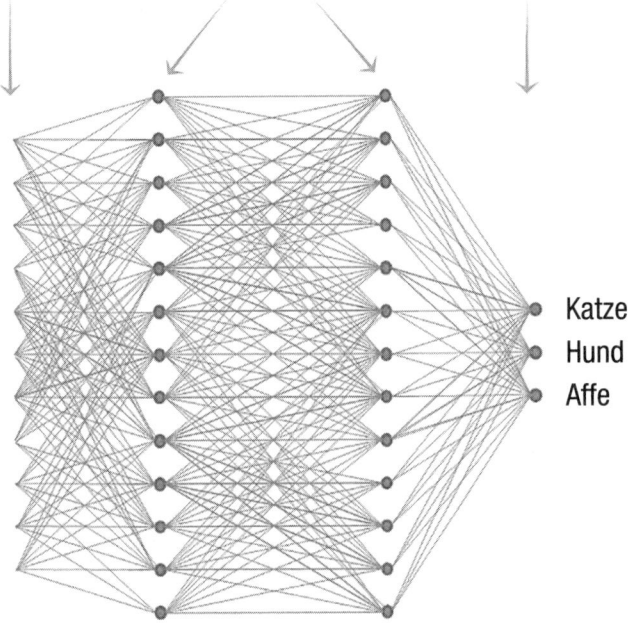

Katze
Hund
Affe

■ ABBILDUNG 7: *Mehrschichtiges Perzeptron (MLP), auch »Feedforward-Netz« genannt, weil die Signale nur in einer Richtung fließen: von der Eingabe- zur Ausgabeschicht. Die Schichten dazwischen nennt man »verdeckte Schichten«. Der Übersichtlichkeit wegen sind nicht alle Verbindungen zwischen den Neuronen im Netz eingezeichnet. Normalerweise ist jedoch jedes Neuron mit allen Neuronen der benachbarten Schichten verbunden.*
Quelle: Wikimedia Commons/Cecbur (Bild geändert), CC BY-SA 4.0;
https://commons.wikimedia.org/w/index.php?curid=76640334

Ausgabeneuronen, und jedes dieser Neuronen liefert einen Ausgabewert, der eine Klasse bestimmt. Somit können wir jetzt mit einem MLP alle handgeschriebenen Ziffern von 0 bis 9 bestimmen. Sogar Äpfel UND Birnen kann das MLP lernen zu unterscheiden, sowie Bananen, Orangen, Zitronen und auch Gurken und Tomaten, obwohl sie gar nicht in die Obstkiste passen.

Ich habe das Neuron eines KNNs als einen Punkt ohne weitere Eigenschaften bezeichnet, was nicht ganz richtig ist: Jedes Neuron bekommt eine Funktion zugeordnet, die sogenannte »Aktivierungsfunktion«. Diese Funktion ist wie ein Tor zu einer Burg: Wenn Raubritter nur schüchtern daran klopfen, werden sie nicht eingelassen. Erst mit einem Rammbock können sie es öffnen und versetzen die Menschen in der Burg in Panik – sie aktivieren die Burg sozusagen. Deswegen heißt die Funktion, die das Neuron aktiviert, Aktivierungsfunktion.

Sicher wäre es am naheliegendsten, hier eine einfache Schwellenfunktion zu nehmen, wie bei Rosenblatts Perzeptron – eine Stufe, über die man springen muss, um weiterzukommen. Eine solche Stufe ist für die simple Welt eines Perzeptrons praktisch, doch Mathematiker mögen keine scharfen Sprünge, Knicke und Lücken im Funktionsverlauf, wenn sie damit noch weitere komplexe Berechnungen durchführen wollen. Nur eine glatte (Mathematiker nennen es »stetige«) Funktion ist dafür geeignet. In diese Funktion wird die Summe der Produkte der Eingabe-Signale mit den Eingabe-Gewichtungen als Variable gespeist. Eine solche glatte Aktivierung wäre in unserem Burgbeispiel, dass der Rammbock stetig gegen das Hindernis gestoßen wird und das Tor sich dabei immer mehr öffnet: Zuerst kommt nur ein Raubritter durch die Lücke in die Burg, kurz darauf zwei zusammen, drei ..., bis die ganze Truppe in die Burg strömt.

Die Aktivierungsfunktion eines Neurons liefert einen Ausgabewert, der als Eingabe in alle Neuronen der folgenden Schicht fließt. Jede dieser Eingaben in Folgeneuronen hat jedoch ihre eigene Gewichtung, somit fließen von einem Neuron verschiedene Signale in die Neuronen der Folgeschicht. Durch die Aktivierungsfunktion wird das Neuron aktiviert oder auch nicht, je nachdem, wie groß die Summe aller seiner gewichteten Eingaben ist, wobei jedes Neuron der vorigen Schicht eine gewichtete Eingabe beisteuert.

Aber nicht nur diese Aufgabe wird von der Aktivierungsfunktion erfüllt: Verwendet man in einem KNN keine nicht lineare

Aktivierungsfunktion, kann das Netz nur lineare Funktionen abbilden. Ohne eine solche Aktivierungsfunktion verhält sich ein MLP im Grunde wie sein einfacher Baustein, das einschichtige Perzeptron. Oder anders gesagt: Die Aktivierungsfunktion rüstet das Netz zum Lösen komplexer Probleme auf.[46] So pflanzen sich die Signale durch das Netz fort, bis zur Ausgabeschicht.

In der Ausgabeschicht sind genauso viele Neuronen wie Klassen, die wir bestimmen wollen – Klassen von zusammengehörenden Objekten: eine Klasse für Hunde, eine andere Klasse für Katzen und eine für Affen, wenn das Netz Hunde, Katzen und Affen unterscheiden soll (Abbildung 7).

Auch beim Training des MLPs mit vielen Beispielen werden die Gewichtungen der Eingaben schrittweise so lange angepasst, bis das MLP eine optimale Lösung für seine Aufgabe findet. Je komplizierter aber die Aufgabe ist, die ein MLP lösen muss, umso mehr Neuronen und Schichten brauchen wir. Bei unserem Beispiel, wie ein Perzeptron Zahlen erkennt (siehe Seite 36f.), waren 400 Eingaben nötig, weil das Eingabebild in 400 Quadrate (Pixel) geschnitten wurde. Wenn wir es mit üblichen Fotografien zu tun haben, zum Beispiel aus einem Smartphone, sprechen wir von Millionen von Quadraten. Die Auflösung 1920×1080 Pixel entspricht $2\,073\,600$ Kästchen. Über zwei Millionen Pixel eines Katzenbildes also, denen über zwei Millionen Neuronen der Eingabeschicht eines MLPs entsprechen.

Wie berechnet man aber die Gewichtungen eines so großen MLPs mit Millionen Verbindungen zwischen den Neuronen? Zumal die Summe der gewichteten Eingaben der Neuronen aus der vorigen Schicht jetzt in eine komplizierte Aktivierungsfunktion eingesetzt wird, bei Netzen mit Millionen Neuronen? Konnte hier Frank Rosenblatts Perzeptron-Formel für die Berechnung der Gewichtungen helfen? Leider nicht! Bei einem KNN sehen wir nur die Werte, die aus der Ausgabeschicht kommen, und können deswegen nur die Gewichtungen der Eingaben berechnen, die zu diesen Ausgabewerten führten: Die Ausgabe ist die Antwort des neuronalen Netzes.[47] Sollte Minsky recht behalten und diese Aufgabe undurchführbar sein? Oder wurde eine Lösung gefunden?

Backpropagation of Error

Diese Lösung für die Berechnung der Gewichtungen der Eingaben der verdeckten Schichten heißt »Backpropagation of Error«, die »Rückführung der Fehler«. Auch sie wurde von Rumelhart, Hinton und Williams in ihrer bahnbrechenden Veröffentlichung von 1986 bei einem MLP ausführlich behandelt. Über die Geschichte der Backpropagation können Sie sich bei einem anderen großen Pionier der KI-Forschung informieren, bei Jürgen Schmidhuber (geb. 1963), dem Erfinder der LSTM-Netze.[48] Am einfachsten lässt sich die Backpropagation am sogenannten »überwachten Lernen« erklären: Nehmen wir an, man hat sehr viele Bilder von Hunden, Katzen und Affen und will einem KNN beibringen, diese Tierarten zu unterscheiden (Abbildung 7). Man speist die Pixelwerte (genauer Pixel-Farbtonwerte) eines Tierbildes in die Eingabeschicht. Für jeden Pixelwert gibt es, wie wir bereits wissen, ein Neuron der Eingabeschicht. Jede Eingabe wird mit ihrer Gewichtung multipliziert, diese Produkte werden summiert, und diese Summe wird an jedes Neuron der Folgeschicht weitergeleitet. Dort wird sie als Variable in die Aktivierungsfunktion gespeist und durch diese Aktivierungsfunktion geändert, sodass man von jedem Neuron einer Schicht einen Ausgabewert erhält. Die Ausgabewerte jedes Neurons dieser Schicht sind wiederum die Eingabewerte der Neuronen der folgenden Schicht. Und so fließen die Daten weiter und werden immer wieder neu gewichtet und summiert: von Schicht zu Schicht, von Neuron zu Neuron.

Die letzte Schicht liefert dann nach jedem Durchlauf der Pixelwerte eines Bildes einen Ausgabewert. Entspricht dieser Ausgabewert der gleichen Klasse wie der gewünschte Wert – kommt bei dem Bild eines Hundes also die Zahl für einen Hund heraus –, bleibt das Netz so, wie es ist: Es hat keinen Fehler gemacht, deshalb muss man nichts ändern. Liefert die Ausgabeschicht aber einen Wert für eine Katze, obwohl in das Netz die Pixelwerte eines Hundes gespeist wurden, müssen die Gewichtungen der Verbindungen zwischen den Neuronen angepasst werden, um diesen Fehler zu beheben. Die »Überwachung« dabei ist die Kennzeichnung der Bilder für die Maschine.

Mit den Neuronen in einem KNN ist es wie bei uns Menschen: Zu Beginn eines gemeinsamen Projekts weiß man oft nicht, wer die besten Vorschläge liefern wird. Deshalb sollte jeder die gleiche Chance haben, etwas zum Gelingen beizutragen. So bekommen auch alle Verbindungen zwischen den Neuronen beim Training mit dem ersten Beispiel zufällige Gewichtungen zugewiesen. Erst nach diesem ersten Durchlauf der Signale beginnt man, die Spreu vom Weizen zu trennen – manche Neuronen trugen mehr zur richtigen Lösung der Netzaufgabe bei als andere und werden deswegen bevorzugt.

Und hier kommt die Backpropagation of Error ins Spiel: Wenn der tatsächliche Ausgabewert (Istwert: hier Katze) nicht dem gewünschten Ausgabewert (Zielwert: hier Hund) gleicht, wird mithilfe der Differenz zwischen dem Realwert und dem Zielwert der Fehler des Netzes berechnet. Der Fehler ist das, was ich bekommen soll, minus das, was ich bekommen habe. Genauso wie beim Perzeptron. Diesen Fehler, die sogenannte »Kostenfunktion«, versucht man mit der sogenannten Gradientenabnahme (Gradientenabstieg) möglichst klein zu bekommen, das heißt, sein Minimum zu berechnen. Die Mathematik dazu sparen wir uns. Durch diese Berechnung gewinnt man neue Gewichtungen für die Verbindungen (Eingaben) des gesamten

Netzes und ändert diese entsprechend. Dann wird in die Eingabeschicht ein neues Tierbild eingegeben, und die ganze Prozedur
wiederholt sich, bis der Unterschied zwischen dem gewünschten
und dem tatsächlich erreichten Ausgabewert vernachlässigbar
klein wird (siehe Abbildung 8).

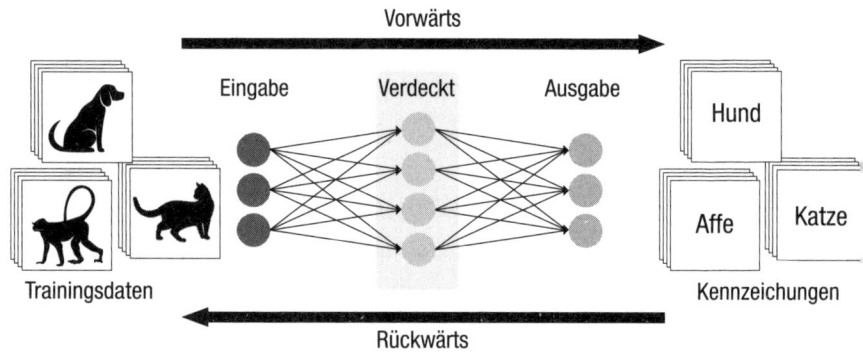

■ ABBILDUNG 8: *Ablauf beim Training eines einfachen Netzes, das Bilder von
Hunden, Katzen und Affen unterscheiden lernen soll*

Ein KNN wird mithilfe von Mathematik so lange angepasst,
optimiert, bis es Aufgaben optimal löst. Somit ist ein KNN ein
mathematisches Optimierungsverfahren. Beispiele aus dem Alltag für Backpropagation ohne Mathematik gibt es viele. Wenn
ein Lehrer die Arbeit eines Schülers korrigiert und der Schüler
dann aufgrund dieser Korrektur den Dreisatz besser versteht, ist
das auch eine – sehr einfache – Fehlerrückführung.

Als ich einem zehnjährigen Jungen bei einem Vortrag erklären
sollte, was ein Optimierungsverfahren ist, musste ich lange nach
einem bildhaften Beispiel suchen. Dann fiel mir die Kartoffelsuppe meiner Mutter ein, für die sie mir, wie bereits erwähnt,

leider kein Rezept hinterlassen hat. Deshalb musste ich die Suppe beim Kochen schrittweise verbessern – optimieren: Ich gebe Kartoffeln in die Suppe, Steinpilze, etwas Salz, etwas Pfeffer, Majoran, Butter, wieder Pfeffer und Salz … Ist die Suppe zu salzig, gebe ich noch zwei Kartoffeln dazu, damit sie das Salz aus dem Wasser ziehen. Auch Wasser gieße ich nach. Danach muss ich wieder etwas Salz zugeben und pfeffern. So lange gebe ich Zutaten in den Topf und koste nach jedem Schritt, bis die Suppe gut schmeckt. Mit dem Abschmecken ermittle ich somit schrittweise ihren Fehler und mache ihn nach jedem Schritt kleiner. Das ist auch Backpropagation of Error!

Die Arten des maschinellen Lernens

Es gibt vier grundlegende Arten des maschinellen Lernens:
- Überwachtes Lernen (Supervised Learning)
- Unüberwachtes Lernen (Unsupervised Learning)
- Semiüberwachtes Lernen (Semi-Supervised Learning) – eine Kombination aus überwachtem und unüberwachtem Lernen)
- Bestärkendes Lernen (Reinforcement Learning)

Überwachtes Lernen (Supervised Learning)
Anhand des sogenannten »überwachten Lernens« (Supervised Learning) habe ich oben die Backpropagation erklärt. Dabei zeigt ein Mensch dem künstlichen neuronalen Netz bei seinem Training bei jedem Beispiel die Lösung seiner Aufgabe: Das ist eine Katze, das ist ein Hund und das ein Affe. Das ist auch der Fall, wenn eine Mutter ihrem kleinen Sohn im Tierpark erklärt: »Das ist ein Panda, und das ist ein Löwe.« Nur reicht es einem Kind, zweimal einen Löwen gezeigt zu bekommen, damit es dann auch ganz andere Löwen als Löwen erkennt. Ein KNN muss Zehntausende Bilder von verschiedenen Löwen »gesehen«

haben, um einen neuen Löwen als Löwen erkennen zu können. Selbst unter Affen.

Ein schönes Beispiel des überwachten Lernens im Alltag konnte ich in einem Park beobachten.»Siehst du!«, rief ein kleines Mädchen.»So schauen meine Murmeln aus!« Und es hielt ihrem Freund eine Murmel unter die Augen. Die beiden waren etwa fünf Jahre alt und spielten das Murmelspiel gleich neben dem Fußweg.»Und das ist auch meine Murmel!«, rief das Mädchen und hob eine andere Murmel hoch.»Aha!«, dachte ich,»überwachtes Lernen. Sie bringt ihm genau bei, wie ihre Murmeln aussehen.« Doch dann sah ich, dass sie ihre Murmeln nicht nach der Farbe definierte, sondern danach, wie nahe sie am Murmelloch waren. Alle, die dort lagen, gehörten ihr, egal wer sie geworfen hatte. Das würde eine Maschine nie lernen. Der Junge lernte es sehr schnell.

Das überwachte Lernen ist die häufigste, aber auch einfachste Art des Lernens. Egal, ob Sie heute über die Erfolge der KI-Programme bei der Erkennung von Tumoren auf Röntgenbildern lesen, mit einem Chatbot wie Alexa flirten oder Texte mit dem Google-Übersetzer übersetzen: Immer stecken überwacht trainierte KNNs dahinter. Die zwei bekanntesten Arten des überwachten Lernens sind»Klassifizierung« und»Regression«.

Bei einer Klassifizierung lernt das KNN, wie oben bei Hunden, Katzen und Affen gezeigt,»Klassen« zu trennen. Bei einer Klassifizierung von Äpfeln und Birnen kann ein KNN die beste Trennlinie zwischen der Klasse der Äpfel und der Klasse der Birnen finden – die sogenannte»Entscheidungsgrenze«, wie Sie auf dem folgenden Bild sehen können (Abbildung 9).

Bei der Regression, der zweiten Methode des überwachten Lernens, lernt das KNN Vorhersagen zu treffen: Welchem gesuchten Wert entsprechen bestimmte Daten? Regression heißt Entwicklung. Beispielsweise könnte ein KNN so voraussagen, wie wahrscheinlich es ist, dass ein Mensch an Altersdiabetes erkranken

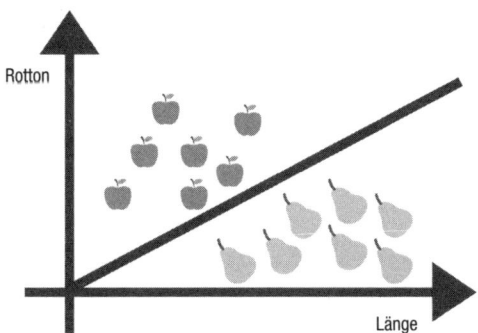

■ **ABBILDUNG 9:** *Die Klassifizierung von Äpfeln und Birnen*

wird: aufgrund seines Alters, wie viel Süßigkeiten er täglich verzehrt, der Kilometer, die er jeden Tag joggt, der genetischen Veranlagung, ob er raucht oder nicht, wie viel Alkohol er trinkt und anderer Faktoren.

Unüberwachtes Lernen (Unsupervised Learning)

Mit dem »unüberwachten Lernen« können KNNs Objekte in »Cluster« einteilen – das nennt man Clustering. Cluster sind Gruppen von ähnlichen Objekten. Sie unterscheiden sich von den »Klassen« beim überwachten Lernen wie folgt: Ein Programm bekommt einen Haufen Obst vorgesetzt und soll das Obst nach gemeinsamen Merkmalen sortieren. Das Programm macht drei Haufen daraus, und wir sagen: »Aha! In diesem Haufen (Cluster) liegen Äpfel, in diesem Birnen und in diesem Zitronen.« In dem Augenblick, in dem wir diese Cluster (Gruppen) benennen können, heißen die Gruppen Klassen. Klassen sind Gruppen mit gekennzeichneten Objekten. Cluster sind Gruppen mit Objekten ohne Kennzeichnung.

Beim unüberwachten Lernen gibt es keine gekennzeichneten und geordneten Daten. Das Programm lernt ohne Lehrer. Es sucht in den Datensätzen selbst die diesen innewohnenden Strukturen und Muster, ohne dafür von Menschen angeleitet zu werden. Warum ist das wichtig? Weil der Mensch in Datensätzen mit Milliarden von Zahlen keine Muster erkennen kann. Zum Beispiel an einer Reihenfolge von 3 Milliarden Nukleotidbasen-Paaren des menschlichen Genoms (seiner DNA), zumal man sie in Binärzahlen umcodiert hat. Eine neuronale Maschine dagegen kann in einer solchen Zahlenreihe Genom-Basenfolgen-Muster erkennen, die vielleicht Krankheiten zugeordnet werden können.

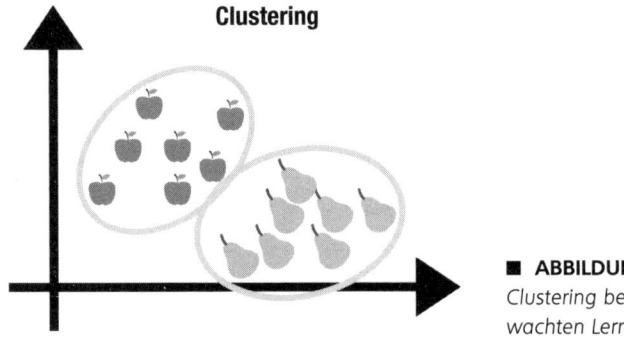

Clustering

■ **ABBILDUNG 10:**
Clustering beim unüberwachten Lernen

Bestärkendes Lernen (RL, Reinforcement Learning)

Beim »bestärkenden Lernen« lernt das KNN durch direkte Wechselwirkung mit der Umgebung und bekommt laufend Belohnungen für seine Aktionen, wird aber auch bestraft. Genauso, wie ein Kind lernt: Lächelt es die Mama den ganzen Vormittag freundlich an, bekommt es mittags ein Eis (Belohnung). Macht es Stress, bekommt es Spinat (Bestrafung).

Wie tief ist die Tiefe?

Ein tief lernendes neuronales Netz ist ein universeller Klassifizierer. Es kann sehr komplizierte Abhängigkeiten der Ausgabewerte von seinen Eingaben finden. Je tiefer das Netz ist, je mehr verdeckte Schichten es also hat, desto komplexere Probleme kann es lösen. Umso weniger leidet es unter dem Fluch der Linearität (Abbildung 6). Der altchinesische Philosoph Tschuang-Tse verglich das menschliche Denken mit einer sprudelnden Quelle: Je tiefer man grabe, desto frischer fließe sie. Ähnliches kann man über künstliche neuronale Netze sagen: Je tiefer sie sind, desto bessere Ergebnisse liefern sie. Die Tiefe macht's!

So fasse ich zusammen: Ein mehrschichtiges Perzeptron (MLP, Multilayer Perceptron) ist ein künstliches neuronales Netz (KNN). KNNs setzen sich aus Schichten von Neuronen zusammen, durch die Daten fließen. Dabei ist meist jedes Neuron mit allen Neuronen der benachbarten Schichten verbunden. Die erste Schicht ist die Eingabeschicht, die letzte die Ausgabeschicht. KNNs mit mehr als einer verdeckten Schicht nennt man »tief lernende neuronale Netze« (Deep Learning Neural Networks). Auch vom »Tiefen Lernen« (Deep Learning) hört man in diesem Zusammenhang: Eines der ersten neuronalen Netze, die als tief beziehungsweise tief lernend bezeichnet wurden, hatte nur drei Schichten.[49] Heute können KNNs Tausende Schichten haben. Ein mehrschichtiges Perzeptron nennt man auch ein »Feedforward-Netz«, da in ihm die Signale in einer Richtung fließen, von der Eingabe bis zur Ausgabe – immer vorwärts, nie zurück. Beim Lernen (Training) des Netzes werden die Verbindungen zwischen den Neuronen mithilfe von Mathematik schrittweise gestärkt oder geschwächt, bis das Netz eine optimale Antwort auf seine Aufgabe liefert.

Und so gab es nun endlich KI-Programme, die richtig lernen konnten – künstliche neuronale Netze. Sie können das an vielen Beispielen Gelernte verallgemeinern. Sie brauchen keinen Menschen mehr, der ihnen jeden Schritt für die Lösung ihrer Aufgabe detailliert einprogrammiert. Der Programmierer muss für KNNs auch nicht mehr zuerst die Merkmale der zu verarbeitenden Daten finden, wie es bei den klassischen Methoden des

maschinellen Lernens der Fall ist – zum Beispiel bei den sogenannten »Entscheidungsbäumen«. KNNs finden die gemeinsamen Merkmale der zu verarbeitenden Daten selbst. Beispielsweise, dass alle Katzen Schnurrhaare haben oder alle Äpfel
halbwegs rund sind. Wenn es eine innere Repräsentation für
einen Haufen Daten gibt, dann wird sie von einem KNN gefunden: Diese Repräsentation ist das, was Äpfel zu Äpfeln macht,
Krebstumore zu Krebstumoren, Sprache zur Sprache.

V. Der Gipfelsturm vor dem Fall

Schließlich landete ich in der Forschungsgruppe für Robotik in Oxford, wo tatsächlich an KI gearbeitet wurde, obwohl kaum jemand diese Bezeichnung verwendete, weil KI damals einen negativen Beigeschmack besaß, nachdem es zuvor eine Art KI-Winter gegeben hatte, in dem die KI dem Hype und den Erwartungen nicht gerecht wurde. Also verwendeten sie alle möglichen Bezeichnungen für ihre Arbeit – maschinelle Wahrnehmung, Robotik oder einfach neuronale Netze –, nur nicht KI. Niemand fühlte sich wohl dabei, die eigene Arbeit als KI zu bezeichnen. Heute haben wir das gegenteilige Problem, denn alle wollen alles als KI bezeichnen.[50]

JAMES MANYIKA

Kann man Maschinen das Sprechen beibringen?

In den 1980er-Jahren begann der Schnee zu tauen, der KI-Winter schien vorbei zu sein: Viele Forscher trugen mittlerweile zur Entwicklung der künstlichen neuronalen Netze bei.[51] Praktische Ergebnisse wurden dabei vor allem in der regelbasiert programmierten KI-Welt erreicht. Theoretisch wurden jedoch auch Algorithmen für künstliche neuronale Netze entwickelt:
Schon 1986 hat Michael I. Jordan eine Architektur für künstliche neuronale Netze mit etwas »Gedächtnis« vorgeschlagen: rekurrente neuronale Netze (RNNs, Recurrent Neural Networks).[52] Bis dahin konnten KNNs keine Zeitfolgen und Sequenzen verarbeiten. Auch Sprache ist eine Folge von Wörtern und Sätzen.

Wenn Sie sich beim letzten Wort eines Satzes nicht an die vorhergehenden Wörter erinnern können, verstehen Sie ihn nicht. Und plötzlich waren Netze da, die sich an das Blaue des »blauen Himmels« erinnern konnten, obwohl sie schon bei der Verarbeitung des Wortes »Himmel« angelangt waren: Wie können RNNs sich das Wort vor dem letzten Wort merken? Indem das Wort, das ein Neuron zuvor verarbeitet hat, auch bei der Verarbeitung des folgenden Wortes berücksichtigt wird. Das geschieht, indem man die Ausgabe eines Neurons nicht nur an die weitere Schicht der Neuronen leitet, sondern direkt als eine zweite Eingabe wieder auf das Neuron selbst zurückleitet (Abbildung 11). »Rekurrent« bedeutet ja wiederkehrend, zurückfließend oder auch rückgekoppelt. Aber auch an die benachbarten Neuronen der gleichen Schicht oder an Neuronen der vorigen Schicht können so Signale geschickt werden. Ein RNN ist somit kein Feedforward-Netz mehr.

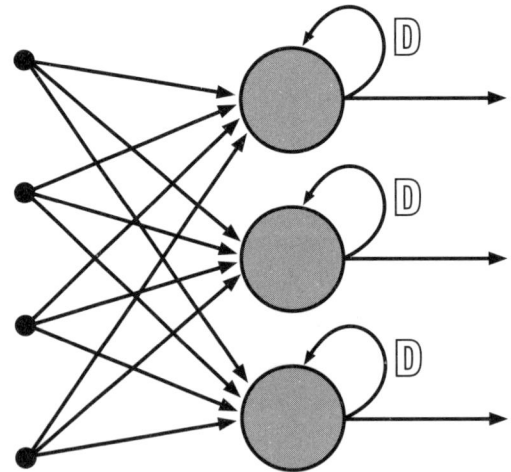

■ **ABBILDUNG 11:** *Rekurrentes neuronales Netz mit einer Schicht mit direkten Rückkopplungen. D bedeutet die Zeitverzögerung eines Signals, seine direkte Rückkopplung.*
Quelle: Wikimedia Commons/Chrislb,CC BY-SA 3.0; https://commons.wikimedia. org/wiki/File:RecurrentLayerNeuralNetwork.png

Leider war das Gedächtnis der RNNs sehr kurz. Und so brachten Jürgen Schmidhuber und Sepp Hochreiter in den 1990er-Jahren den rekurrenten neuronalen Netzen mehr Gedächtnis bei, indem sie die LSTM-Netze (Long Short-Term Memory Network) entwickelten.[53] Mit LSTM hätten Maschinen endlich das lernen können, was uns zu Menschen macht: die Sprache! Nur gab es noch einige Probleme: Wie sollte man Maschinen beibringen, die Bedeutung von Wörtern zu berücksichtigen? Es gab aber auch andere Baustellen in der neuronalen KI: Was mussten Maschinen noch lernen?

Die Hierarchie des Sehens

Streng genommen kann man von einem mehrschichtigen Perzeptron bei der Bilderkennung keine große Leistung erwarten. Das MLP ist nicht gegen eine Verschiebung der Objekte gewappnet: Eine Orange in der Mitte des Bildes ist für ein MLP ein anderes Objekt als die gleiche Orange in der rechten Bildecke. Wie wird dieses Problem gelöst? Wie bringen wir die Maschinen dazu, einen Apfel zu erkennen, auch wenn er auf einem Bild mitten auf dem Tisch liegt und auf einem anderen Bild vom Tisch rechts herunterrollt? Ein Mensch erkennt einen Apfel immer. Egal, wo er liegt. Wir erkennen einen Apfel sogar in einem Apfelstrudel.

Vor allem aber ist unsere Wahrnehmung von Objekten verschiebungsinvariant (translationsinvariant) – wir erkennen Objekte aus allen möglichen Blickwinkeln. Wie schafft das unser Gehirn? Konnte man von diesem komplexen visuellen System etwas für das maschinelle Sehen »abschauen«?

In den 1960er-Jahren öffneten David Hubel und Torsten Wiesel am Wilmer Eye Institute der Johns Hopkins University das Tor zur modernen Gehirnforschung, indem sie zeigten, wie die

Zellen unseres visuellen Kortex funktionieren. Um herauszufinden, wie die kortikalen Neuronen der Katze auf visuelle Reize reagierten, führten Hubel und Wiesel einer Katze eine dünne Wolframelektrode ins Gehirn ein – in den primären visuellen Kortex – und projizierten dabei diverse Licht-Schatten-Muster auf die Netzhaut des Tiers.[54] Mithilfe eines Objekts auf dem Träger in einem Ophthalmoskop, einem angepassten Gerät zur Augenuntersuchung. Dabei sollten die elektrischen Signale der Neuronen elektrisch in Geräusche umgewandelt werden. Doch das Katzenneuron blieb stumm. Keine Signale kamen. Egal, was Hubel und Wiesel der Katze zeigten, das Neuron feuerte nicht. Sogar als die Forscher – schon erschöpft – das Katzenneuron mit Fotos von Models aus Magazinen verführen wollten.[55] Das war merkwürdig. Eigentlich hätte das Neuron reagieren müssen.

Erst nach vielen Tagen und Nächten ergebnisloser Arbeit kam aus dem Lautsprecher ein Stakkato an Geräuschen. Endlich war das beobachtete Neuron erregt. Was genau aber war passiert? Die Forscher waren ratlos: Das Neuron feuerte nur, wenn sie etwas auf einem Träger ins Ophthalmoskop legten, hörte dann aber irgendwann auf, Geräusche zu produzieren, obwohl das Objekt weiter im Ophthalmoskop lag. Nach langem Grübeln kam die Erleuchtung: Das Neuron antwortete nicht auf die Licht-Schatten-Muster der Objekte. Es reagierte auf die Schatten, die von den Kanten des Objektträgers geworfen wurden. Die Geräusche wurden beim Einstecken des Objektträgers in das Ophthalmoskop von dem Neuron verursacht. Nach weiteren ausgedehnten Experimenten konnten die Forscher folgern: Das beobachtete Neuron reagierte nur auf Linien und Ränder, die in bestimmten Winkeln ausgerichtet waren.

Diese erste fabelhafte Entdeckung führte zu vielen weiteren und anschließend 1981 zu einem Nobelpreis für David Hubel und Torsten Wiesel. Gut dass David Hubel als Student nicht auf seinen Physikprofessor gehört hatte. Als Hubel ihm mitteilte, er habe sich für das Medizinstudium entschieden, sagte der Physiker:»Nun, ich bewundere Ihren Mut – ich wünschte, ich könnte dasselbe über Ihr Urteilsvermögen sagen.«[56]

Hubel, Wiesel und nachfolgende Forscher haben herausgefunden, dass Neuronen des visuellen Kortex nur auf ein bestimmtes Merkmal der beobachteten Welt reagieren: auf Striche, bestimmte Richtungen, Ecken, Linien, Kurven bis zu komplexeren Merkmalen von Objekten, Formen, aber auch von Gesichtern, wie etwa Nasen, Augen usw. Nach Hubel und Wiesel gab es im Kortex unterschiedliche rezeptive Felder, die jeweils eine von drei Gruppen der Neuronen enthielten: einfache Zellen, komplexe Zellen und hyperkomplexe Zellen. Je komplexer die Zelle, umso komplexer war das Bild, das sie zusammenlegte. Die einfachen Zellen reagierten auf Linien und Kanten, die unterschiedlich ausgerichtet waren. Die komplexen Zellen antworteten auf die Bewegung von Linien und Ecken. Die hyperkomplexen Zellen reagierten auf Richtungen von Linien und Kanten, aber auch auf ihre Bewegung und zusätzlich auf alle möglichen anderen Merkmale von Formen und Objekten.[57]

Plötzlich war klar: Das visuelle System des Gehirns funktionierte hierarchisch. Je tiefer man in das visuelle System tauchte, umso abstrakter waren die zusammengebauten Gebilde, bis das Gehirn das gesamte Abbild der beobachteten Welt zusammenlegte. Was folgte daraus für das maschinelle Sehen?

LeNet: Die Augen der Maschinen

Der japanische Informatiker Kunihiko Fukushima ließ sich durch die rezeptiven Felder von Hubel und Wiesel inspirieren und entwickelte 1980 das»Neocognitron«, ein Netz aus einfachen und komplexen Zellen: ein mehrschichtiges hierarchisch aufgebautes künstliches neuronales Netz, das unserem visuellen

System nachempfunden war.[58] Es war das erste KNN, das bis zu einem gewissen Maß auch verschobene Objekte erkennen konnte. Perfekt war das Neocognitron aber nicht. Es konnte nur Muster und handgeschriebene Zeichen erkennen. Yann LeCun (geb. 1960) rüstete mit seinem Team bei den Bell Laboratories in Holmdel in New Jersey ab 1990 Fukushimas Neocognitron für die Zukunft auf. LeCuns größte Neuerung für das Modell von Fukushima war – wie könnte es auch anders sein – der Einsatz von Backpropagation.[59] So entstand das LeNet: das erste kommerziell anwendbare konvolutionelle neuronale Netz (CNN, Convolutional Neural Network).

Grundsätzlich setzt sich ein CNN aus zwei Teilen zusammen: Im ersten Teil werden die Merkmale der Objekte extrahiert – Merkmale, die typisch sind für die verarbeiteten Klassen von Objekten: Schnurrhaare, spitze Ohren und andere für die Klasse von Katzen, Hörner für die Klasse der Nashörner, und so weiter. (Diese Merkmale sind nur symbolisch gemeint, denn ein KNN bestimmt die Merkmale selbst.) Im zweiten Teil eines CNN-Modells werden aufgrund dieser ermittelten Merkmale die betrachteten Objekte in ihre Klassen eingeteilt.

»Konvolution« bedeutet Faltung. Ein großes Bild wird zunächst mithilfe eines »Faltungsfilters« zu einem kleineren Bild »gefaltet«, in dem die Merkmale des Bildobjekts quasi »konzentrierter« vorliegen. Bei dieser Extraktion der Merkmale tastet ein Filter von der Größe eines kleinen quadratischen Bildausschnitts das Bild Pixel für Pixel ab: von links nach rechts, von oben nach unten. Wann erkennt das Filter, dass es sich in einem der Ausschnitte, den es abtastet, um ein wesentliches Merkmal des zu bestimmenden Objekts handelt? Indem das Programm dieses Merkmal bei seinem Training in vielen Beispielen eines bestimmten Objekts findet. Egal, auf welcher Stelle der zugehörigen Bilder. Das ist auch der Grund dafür, warum konvolutionelle neuronale Netze sich durch eine Verschiebung des betrachteten Objekts auf einem Bild nicht verwirren lassen – sie sind im Unterschied zu dem klassischen Feedforward-KNN translationsinvariant.

Dabei ist das schrittweise über das Bild fahrende Filter ein kleines neuronales Netz mit Gewichtungen, mit denen die Eingaben (Pixel) aus dem jeweiligen Ausschnitt des Bildes multipliziert werden. Dieses Filter liefert neue Werte für die Merkmale – die Ausgaben dieses kleinen neuronalen Netzes. Wie ein Dieb nachts in einer Galerie ein Bild mit dem Strahl einer Taschenlampe abtastet, tastet das Filter mit gleichen Gewichtungen das ganze Bild ab: von links nach rechts und von oben nach unten.[60] Stellen wir uns vor, der Dieb bekommt den Auftrag, van Goghs »Sonnenblumen« zu stehlen. Da er sich mit Blumen überhaupt nicht auskennt, beschreibt ihm seine Freundin, wie eine Blume aussieht, ihre wichtigsten Merkmale: eine Blüte, ein Stiel, grüne Blätter. So nimmt er sich vor, alle Bilder zu stehlen, auf denen er solche Merkmale findet, und sie erst zu Hause von seiner Freundin begutachten zu lassen. Sie würde dann die Sonnenblumen schon finden. Hier spielt der Dieb mit seiner Taschenlampe das Filter, das die Merkmale herausfiltert. Mit dem Strahl tastet er jedes Bild der Galerie ab und sucht nach blumenähnlichen Merkmalen.

Noch kleiner macht man das Bild mit dem anschließenden »Pooling«: Bei dem »Max-Pooling«, der häufigsten Art des Poolings, wird aus den Werten, die das Filter liefert, einfach der höchste Wert herausgesucht. Der höchste Wert ist der Wert, der das wichtigste Merkmal in dem kleinen Bilderfenster definiert. Dadurch liefert das Filter die wichtigsten Merkmale für die anschließende Klassifizierung: Sind es Sonnenblumen oder nicht?

Wenn wir uns jetzt eine Bande Bilddiebe vorstellen, von denen jeder mit seiner Taschenlampe nach anderen Bildern und somit nach anderen Merkmalen für ihre Objekte sucht, bekommen wir vielleicht eine Vorstellung davon, wie die einzelnen Filter, die kleinen KNNs, arbeiten. Bei unseren Bildräubern spielen jeweils ihre Freundinnen die Klassifizierer. Sie schauen sich die gestohlenen Bilder an: »Das sind Sonnenblumen von van Gogh!«, »Das sind Schwertlinien von Renoir!«, »Das sind die Seerosen von Claude Monet.« Diese Klassifizierung wird in dem CNN-Modell von einem voll vernetzten KNN erledigt, von einem einfachen Feedforward-Netz. Voll vernetzt heißt: Alle Neuronen einer Schicht sind mit allen Neuronen der benachbarten Schichten verbunden – also ein normales Feedforward-Netz. Ein solches Netz kann zwar keine auf den Bildern verschobenen Objekte erkennen, doch muss es das nicht mehr. Die kleinen Filter-KNNs haben für das große Netz schon die ganze Arbeit geleistet und ihm die Merkmale der betrachteten Objekte geliefert. Ein reales CNN-Modell ist natürlich viel komplizierter.

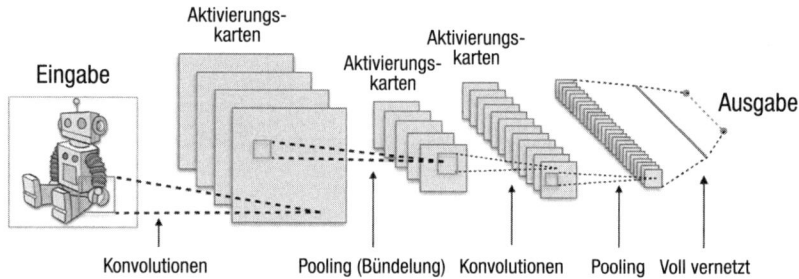

■ **ABBILDUNG 12:** *Konvolutionelles neuronales Netz (CNN, Convolutional Neural Network). Eine Aktivierungskarte (Activation Map, Feature Map) ist die Ausgabe eines Filters (mit Gewichtungen), der Pixel für Pixel über die vorhergehende Ebene fährt und jeweils ein Merkmal herausfiltert. Jede Position führt zu einer Aktivierung des Neurons, das auf ein bestimmtes Merkmal reagiert. Diese Ausgaben werden in den Aktivierungskarten gesammelt. Mit dem Pooling wird das gegebene Merkmal noch stärker herausgestellt, indem man beispielsweise den höchsten Wert eines bestimmten Feldteils der Aktivierungskarte wählt. Durch die Konvolution wird das Bild kleiner (wird gefaltet). Das Pooling reduziert das Bild noch mehr. Die Aktivierungskarten der letzten Schicht ergeben zusammen einen langen Vektor, der in eine voll vernetzte Schicht gespeist wird. Diese letzte Schicht führt die eigentliche Klassifizierung durch.*
Quelle: Wikimedia Commons/Aphex34, CC BY-SA 4.0;
https://commons.wikimedia.org/wiki/File:Typical_cnn.png

LeCuns LeNet-5 konnte Objekte auf Bildern erkennen, egal wo sie sich befanden. Das Programm bestimmte fabelhaft handgeschriebene Ziffern, und das mit einer Genauigkeit von 99,3 Prozent. Es wurde in den USA bei fast einem Fünftel aller Schecks eingesetzt, um die Nummern automatisiert zu lesen.[61] Was passiert eigentlich in den tiefen Schichten eines KNNs bei der Bilderkennung? Wissen wir etwas über diese Blackbox? Wie unterscheiden sich die einzelnen Schichten? Erkennt die erste verdeckte Schicht etwas anderes als die folgende? Verläuft jetzt die maschinelle Bilderkennung so, wie Hubel und Wiesel es für das visuelle System im Gehirn beschrieben haben: hierarchisch?

Der zusammengebaute Elefant

Auch in tiefen neuronalen Netzen werden Bilder von Objekten hierarchisch aufgebaut – wie in unserem visuellen System. »Tiefe« bezieht sich hier nicht nur streng und etwas naiv anmutend auf die Anzahl der Schichten in einem KNN, sondern auch auf die Art der inneren Repräsentation der Daten, die durchs Netz propagiert werden: von einfachen Merkmalen bis zu immer komplizierteren Gebilden. So wie das Hubel und Wiesel für den visuellen Kortex des natürlichen Gehirns entdeckt haben.

Das Wort »Repräsentation« ist sehr wichtig in der Welt der KI-Programme: Repräsentation ist die Vertretung einer Gesamtheit durch eine Gruppe. Zum Beispiel stellt die deutsche Fußballmannschaft unsere Repräsentation bei der Fußball-WM dar. So wie die besten Fußballer ganz Deutschland repräsentieren, so wird ein Datensatz in der verdeckten Schicht eines tiefen KNNs durch seine besten (wichtigsten) Merkmale repräsentiert. Die Merkmale, durch die man die Objekte einer bestimmten Klasse immer erkennen kann. Wie die Klasse der Katzen nach den hier schon oft strapazierten Schnurrhaaren und kleinen spitzen

Ohren. Nur ist ein Neuron in einem KNN ein Punkt, es kann nichts repräsentieren. Welche Werte passen wir in einem solchen Netz bei seinem Training an? Es sind die Gewichtungen (die Stärken der Verbindungen zwischen den Neuronen). Wenn das Netz fertig trainiert ist, sind seine Gewichtungen festgelegt. Genau diese Gewichtungen befähigen das KNN, eine Katze als Katze, einen Hund als Hund und einen Affen als Affen zu erkennen. Somit repräsentieren diese Gewichtungen auch die Merkmale der während des Trainings verarbeiteten Objektklassen – je tiefer die Neuronenschicht, in die diese Gewichtungen führen, umso komplexer die Merkmale.

Ein solches fest trainiertes KNN für die Erkennung von Hunden, Katzen und Affen kann man sich wie ein Netz aus Wasserleitungen mit drei Ausflussrohren am Ende (Ausgabeschicht) vorstellen: Das linke Ausflussrohr steht für eine Katze, das mittlere für einen Hund, das rechte für einen Affen. Man gießt einen Eimer Wasser in den Zufluss (Eingabeschicht). Je nachdem, welches Tier auf dem Eimer abgebildet ist, wird das Wasser durch das Leitungsnetz geleitet: Ist es das Foto eines Hundes, strömt das Wasser am besten durch Leitungen zwischen den Leitungsknoten (Neuronen), die das meiste Wasser durch das mittlere Ausflussrohr durchlassen. Und dort kommt deshalb auch das (meiste) Wasser raus:»Aha, ein Hund!«

Sehen wir uns an, welche gemeinsamen Merkmale für die Klasse »Elefant« einzelne Neuronenschichten in Tausenden von Elefantenfotos finden, mit denen sie trainiert werden. In die Eingabeschicht eines KNNs wird das Bild eines Elefanten in Form der Tonwerte seiner Pixel eingegeben. Somit enthält die Eingabeschicht so viele Neuronen, wie das Bild Pixel aufweist. Alle Eingabesignale laufen in die erste verdeckte Schicht. Die zugehörigen Gewichtungen werden so trainiert, dass sie kurze Striche in verschiedenen Winkeln repräsentieren. In der zweiten verdeckten Schicht werden diese Striche und Linien zu Rundungen und komplizierteren Kurven zusammengesetzt. Aus diesen werden in der weiteren verdeckten Schicht Formen gebaut, die schon an bestimmte Körperpartien eines Elefanten erinnern: Ohren, Rüssel … Bis die Neuronen der vorletzten Schicht diese Merkmale zu einem Elefanten zusammenlegen und in der letzten Schicht das Neuron für die richtige Klasse aufleuchtet: »Elefant«. (Siehe Abbildung 13.)

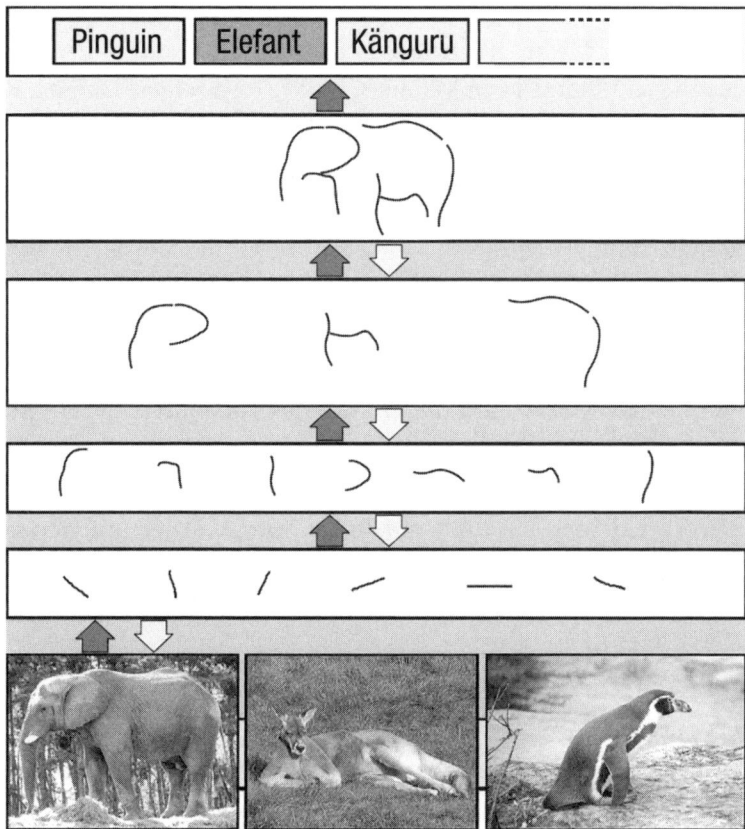

■ **ABBILDUNG 13:** *Schichtenweises Lernen von Merkmalhierarchien: Wie ein Elefant von einem tief lernenden neuronalen Netz hierarchisch erkannt wird. Quelle: Wikimedia Commons/Sven Behnke (Bild geändert), CC BY-SA 4.0; https://commons.wikimedia.org/wiki/File:Deep_Learning.jpg*

Bei seinem Training lernt ein tief lernendes neuronales Netz an vielen Bildern die wesentlichen Merkmale jedes Bildes zu extrahieren und das »Rauschen« der Bilder, das Unwesentliche, zu ignorieren – zum Beispiel den Himmel am Horizont, das Gras oder den Wald im Hintergrund.

Anhand von Tausenden Fotos eines Mannes und einer Frau lernt ein KNN die typischen männlichen und weiblichen Merkmale der abgebildeten Körper oder Gesichter zu erkennen, auch Merkmale, die wir Menschen nicht bewusst wahrnehmen. Zum Training des Netzes braucht man jedoch gute Daten. Viele Bilder, die ALLE Arten von Männern und Frauen zeigen. Damit das Netz später ein schwarzes Pärchen nicht als Gorillas bestimmt, wie es 2015 der Bilderkennungs-KI von Google Photos passierte.[62] Warum? Weil das Programm vor allem mit Bildern von Weißen trainiert wurde.

Auch wir Menschen lernen Objekte an Merkmalen zu erkennen. Wenn ich einem Kind beibringen will, einen Elefanten von einer Giraffe zu unterscheiden, merkt sich das Kind zuerst vielleicht den Elefantenrüssel und die großen Elefantenohren – das sind für uns Menschen offensichtliche Merkmale. Ein KNN erkennt dagegen oft winzige Merkmale, die wir gar nicht erfassen können. Trotzdem ist ein KNN nur so gut, wie die Daten, mit denen man es trainiert. Das führt auch zu manch einer Netzlegende.

Das Panzer-Märchen

»Deine Künstliche Intelligenz ist ganz schön dumm«, sagte eine Bekannte. Sie erzählte, sie habe in der *Süddeutschen* die berühmte Panzer-Geschichte gelesen, in der ein KI-Programm grotesk versagt habe. Das Pentagon soll bei KI-Forschern ein KNN bestellt haben, das in der Natur getarnte Panzer anhand von Satellitenfotos entdecken könne. Die Forscher haben ihr

Programm mit jeweils 50 Fotos von getarnten Panzern trainiert, und mit 50 Fotos mit Landschaft ohne getarnte Panzer, damit das Netz immer getarnte Panzer erkenne, auch auf Fotos, die es noch nie gesehen hat. Nach dem Training wurde das Programm mit weiteren 50 + 50 Fotos getestet, um zu sehen, ob es auch unbekannte Fotos gut einordnen könne. In dieser Testphase erkannte das Programm auf jedem unbekannten Foto richtig, ob darauf ein getarnter Panzer war oder nicht. Das so trainierte KI-Programm wurde ans Pentagon geleitet, doch kam es bald zurück: Die Generäle konnten damit keine Panzer erkennen.

Lange grübelten die Forscher, bis man den Fehler fand: Die 100 Fotos mit Panzern für die Trainings- und die Testphase hatte man bei schönem Wetter geschossen, die 100 Fotos ohne Panzer bei schlechtem Wetter. Doch statt die Fotos in eine Gruppe mit Panzern und eine ohne Panzer einteilen zu lernen, wie die Forscher hofften, hatte das Programm die Fotos nach Wetter getrennt – nach »Schönes-Wetter-Fotos« und »Kein-schönes-Wetter-Fotos«. Da alle Panzer bei schönem Wetter fotografiert wurden, zeigte die Testphase keine Fehler.

Der Blogger Gwern Branwen entlarvte in seinem Artikel *The Neural Net Tank Urban Legend*[63] die Panzer-Geschichte als KI-Fake-News: »Nicht nur an dem kleinen Datensatz von 200 Fotos kann man sehen, dass unsere heutigen ›Convolutional Neural Networks‹ (CNNs), die in der Bilderkennung eingesetzt werden, diesen Fehler nicht machen könnten: Für ein solches Training nimmt man Zehntausende bis Hunderttausende Fotos. Auch die Unterscheidungsmerkmale ›schlechtes Wetter – sonniges Wetter‹ sprechen gegen die Echtheit der Geschichte. Künstliche neuronale Netze lernen eher klare Strukturen und Konturen (Kanten, Ecken, Quadrate usw.) zu unterscheiden als die Helligkeit der Bilder, die vom Wetter herstammt.«

Hier irrt Branwen: CNNs entscheiden eher nach den Texturen der Objekte, also ihrer Oberflächenbeschaffenheit, während

Menschen Objekte nach ihren Gestalten und Formen unterscheiden. Deswegen erkennt ein CNN eine Katze mit Elefantenhaut auf einem Bild als einen Elefanten. Ein Mensch dagegen tippt bei einem solchen Bild immer noch auf eine Katze, auch wenn sie ein seltsames Fell trägt. Das haben Forscher an der Universität Tübingen herausgefunden. Sie konnten auch zeigen, wie man Datensätze für das Training von CNNs vorbereiten kann, damit deren Erkennung mehr auf die Gestalt der Objekte ausgerichtet ist.[64] Ich denke, hier geht es vor allem um die Datenmenge. Ein KNN macht sich ja keine Gedanken darüber, ob es Daten aus dem Umriss eines Objekts oder aus seiner Beschaffenheit heranzieht, um eine interne Repräsentation der Objektmerkmale zu bilden. Nur enthält ein Umriss viel weniger Daten als eine Oberfläche. Der Umfang eines Quadrats mit Seiten von 10 cm Länge misst nur 40 cm, seine Oberfläche jedoch 100 cm². So liefert die Oberfläche eines Objekts nun mal viel mehr Pixel, also Daten, die zu Merkmalen zusammengesetzt werden, als sein Umriss. Das menschliche Gehirn musste dagegen lernen, auch im Dunkeln schnell ein Raubtier zu erkennen – dafür eigneten sich die Umrisse des Tieres viel besser als die Beschaffenheit seines Fells. Schon an dem kleinen Datensatz von 100 Fotos fürs Training des Netzes und 100 für den Testlauf sieht man, dass es sich um ein KI-Märchen handelt. Ein solches Programm hätte mit Zehntausenden Fotos trainiert werden müssen. Doch diese KI-Legende hat einen wahren Hintergrund: den fehlenden gesunden Menschenverstand der neuen KI-Programme, der künstlichen neuronalen Netze. Und unsere Angst vor KI.

Der zweite Winter der KI

Selbstverständlich hat es viele andere innovative Beiträge zu KNNs gegeben als nur die erwähnten Beispiele, die jedoch die Entwicklung der »neuronalen« KI grob veranschaulichen. Aber auch die restliche KI-Forschung befand sich nach dem KI-Winter der 1970er-Jahre im Aufschwung. Schon damals hatten die KI-Forscher eine Menge Spielzeug, mit dem sie auf der KI-Spielwiese richtig loslegen konnten. Vor allem die regelbasierten KI-Programme, die sogenannten »Expertensysteme«, boomten in den 1980er-Jahren. Die Investitionen der Industrie, die sich zu Beginn des Jahrzehnts im Bereich weniger Millionen Dollar bewegten, betrugen um 1987 eine Milliarde Dollar.[65] Die neuen Expertensysteme waren viel weiter entwickelt als das schon erwähnte Dialogsystem ELIZA. In engen spezialisierten Gebieten konnten sie gut arbeiten, wie bei der Diagnose von Infektionskrankheiten. Vor allem die sogenannten LISP-Maschinen erlebten einen Boom – Computer, die nur für die KI-Programmiersprache LISP entwickelt wurden, von John McCarthy, dem Vater des Begriffs »Künstliche Intelligenz«.

Nur waren die LISP-Maschinen sehr teuer. Und das in Zeiten, als Apple und IBM immer schnellere und leistungsfähigere Desktop-Computer auf den Markt brachten. Plötzlich konnten normale Computerprogramme besser rechnen als KI-Expertensysteme, weil Expertensysteme auch nur regelbasierte Programme waren. Deswegen enttäuschten KI-Programme wieder mal die in sie gelegten Erwartungen: Der Markt der LISP-Maschinen brach zusammen und stürzte die Welt in einen zweiten KI-Winter – den der 1990er-Jahre.[66]

Zum Glück gab es einige Fackelträger in der Dunkelheit. Sie leuchteten den Weg, der zu der KI-Schatztruhe führte: »Er trug die Fackel durch die dunklen Zeiten«, sagte ein anderer Fackelträger, Geoffrey Hinton, über seinen Postdoktoranden Yann LeCun, der von Beginn der 1990er-Jahre an unermüdlich die oben vorgestellten konvolutionellen neuronalen Netze weiterentwickelte.[67]

Kein Winter dauert ewig. Bevor wir zur großen Pointe dieser Geschichte kommen, einem Jahrtausendwunder in Sachen Technologie, sollten wir zuvor noch klären, wie die folgenden Begriffe zusammenhängen: »schwache« und »starke« KI, »künstliche neuronale Netze« und »Maschinenlernen«.

VI. Licht ins Dunkel: Künstliche Intelligenz, Maschinenlernen, Künstliche Neuronale Netze

Die mit Abstand größte Gefahr der Künstlichen Intelligenz besteht darin, dass Menschen zu früh zu dem Schluss kommen, dass sie sie verstehen.[68]

ELIEZER YUDKOWSKY

Starke und schwache Künstliche Intelligenz

Wird in den Medien heute Künstliche Intelligenz (KI) erwähnt oder das Maschinenlernen (ML, maschinelles Lernen, Machine Learning, lernende Systeme), sind damit meist künstliche neuronale Netze (KNNs) gemeint. Die meisten KI-Errungenschaften, über die wir heute hören oder lesen, verdanken wir KNNs. Wie hängen KI, KNNs und ML zusammen? Was ist eigentlich KI? Allgemein beschäftigt Künstliche Intelligenz sich mit der Erforschung und Entwicklung von intelligenten Maschinen. Dazu gehören alle Abstufungen der Intelligenz: Maschinen, die nur lernen können, Schrauben zu sortieren, aber auch Maschinen, die lernen könnten, wie der Mensch zu denken. Eine solche Maschine müsste den Sinn ihres Handelns erkennen und auf Reaktionen von außen ähnlich wie der Mensch reagieren. Dies bezeichnet man als »starke KI« (strong AI).

81

Als »schwache KI« (weak AI oder narrow AI) bezeichnet man Programme, die einen engen Bereich des menschlichen Denkens meistern können. Ein Beispiel für eine schwache KI könnte eine autonome Spielfigur in einem Computerspiel sein, die alle Aufgaben innerhalb der Spiellandschaft bewältigen kann, eine geniale Figur in diesem Spiel. Ohne von einem Menschen gesteuert zu werden. Doch egal, wie schlau diese Figur in der begrenzten Spielwelt ist, in der realen Welt könnte sie nie bestehen.

Den Unterschied zwischen Menschen und intelligenten Maschinen kann man sich am Moravec'schen Paradox vergegenwärtigen: Der Robotik-Experte Hans Moravec (geb. 1948) wies darauf hin, dass schwierige intellektuelle Probleme für Computer relativ einfach zu meistern sind – wie komplizierte mathematische Gleichungen zu lösen –, während Computer an für Menschen einfachen sensomotorischen Aufgaben scheitern: Deep Blue von IBM konnte schon 1996 den Schachgroßmeister Kasparow schlagen, bis heute gibt es aber immer noch keinen Roboter, dem man sagen könnte: »Hol Bier vom Getränkemarkt!« Moravec schrieb: »Es ist vergleichsweise einfach, Computer bei Intelligenztests oder beim Spielen von Dame leistungsfähig wie Erwachsene zu machen, es ist aber schwierig oder unmöglich, ihnen die Fähigkeiten eines Einjährigen zu vermitteln, wenn es um Wahrnehmung und Mobilität geht.«[69]

Dinge, die wir automatisch ausführen, sind für Computer sehr schwer. Auch das sollten wir immer bedenken, wenn uns Hollywood Angst vor der Herrschaft der Roboter machen will. Jeder Robotik- und KI-Experte weiß, wie schwierig es ist, Roboter zum Laufen zu bringen. Wie sollen sie uns beherrschen, wenn sie nicht Treppen steigen können? Wir Menschen dagegen haben im Laufe der Evolution viel länger Hirsche und Mammuts gejagt als mathematische Gleichungen gelöst. Die Menschheit ist etwa 300 000 Jahre alt, Spaß an Mathematik und abstraktem Denken haben wir erst seit kurzer Zeit. An Mathematik sind wir evolutionär nicht angepasst. Schade eigentlich.

Ein Computer bewältigt problemlos alle Aufgaben, die er in Anweisungen erhält, das heißt, als Computerprogramme. Dinge dagegen, die für den Menschen ganz einfach sind, sind für Maschinen sehr schwierig: laufen, springen, greifen, sich in neuen Situationen zurechtfinden. Die meisten sensomotorischen Aufgaben bewältigt ein dreijähriges Kind problemlos und meist automatisch, es kann alle Sinnesreize sofort in Bewegung umsetzen. Vor einer verschlossenen Tür angelangt, probiert ein kleines Kind, sie aufzumachen. Was aber macht ein Roboter? Er muss die Türe als ein Objekt wahrnehmen, an dem eine Handlung ausgeführt werden soll. Die Entscheidung, nach der Klinke zu greifen, um die Tür zu öffnen, ist für einen Roboter eine sehr schwere Aufgabe. Wenn es ihm nicht durch sehr viele Trainingsläufe beigebracht wurde, bleibt er nur davor stehen. Auch wenn er trainiert wurde, nach der Klinke zu fassen, ist schon das rein motorische Hantieren damit für ihn eine große Herausforderung.

Beim jährlichen Roboterfußball-Wettkampf RoboCup applaudiert das menschliche Publikum begeistert, wenn ein Roboterfußballer im Schildkrötentempo den Ball ansteuert und ihn einigermaßen richtig trifft. Um ein paar Schritte auf einem ebenen Boden zu machen, braucht ein Roboter Abertausende Trainingseinheiten. Was macht der Roboter aber, wenn die Oberfläche Mulden und Vertiefungen aufweist? Ein Baby dagegen meistert das Laufen nach ein paar Monaten.

Nur der Mensch kann ganz autonom und intelligent in unserer Welt agieren. Er nimmt mit seinen Sinnen alle möglichen Reize aus seiner Umgebung auf und setzt sie genial in Bewegungen und andere Verhaltensweisen um. Das ist unser evolutionäres Erbe, das uns half zu überleben: Das Gebrüll eines Säbelzahntigers setzte die Füße eines Urmenschen sofort in Bewegung. Der Geruch von Verbranntem lässt uns nach allen Seiten wittern: »Ist irgendwo Feuer ausgebrochen?« Wenn wir ein heißes Eisen anfassen, lassen wir es sofort fallen. Solche sensomotorischen Fähigkeiten hat keine Maschine, und es ist immer noch nicht klar, ob sie diese menschliche Art der Sensomotorik überhaupt entwickeln kann. Auch wenn Computer schnell mit so vielen Daten parallel rechnen könnten wie unser Gehirn mit seinen etwa 100 Milliarden Gehirnzellen. Aus den oben genannten Gründen leben wir heute in einer Welt der schwachen KI. Eine allgemeine oder starke KI ist momentan nicht in Sicht. Zu unserer schwachen KI gehören auch die oben erwähnten KNNs. Sie werden zu Künstlicher Intelligenz gezählt, sind aber nur eine kleine Abteilung davon. Selbstverständlich könnten auch KNNs die erste Stufe zur Entwicklung von starker KI bilden, dies bezweifeln jedoch viele KI-Experten. Sie sind der Meinung, der Weg zur starken KI führe nicht über die gängigen KNNs. Schon gar nicht über die alten regelbasierten KI-Programme der zweiten Hälfte des 20. Jahrhunderts – der symbolischen KI.

Maschinenlernen

Das Maschinenlernen definierte Tom M. Mitchell mit einer Frage: »Wie können wir ein Computersystem bilden, das sich automatisch mit seiner Erfahrung verbessert, und was sind die fundamentalen Gesetze, die alle lernenden Prozesse beherrschen?«[70] Maschinenlernen ist somit die Fähigkeit der Maschinen, an Beispielen eine Aufgabe lösen zu lernen, ohne für diese Aufgabe programmiert zu sein.[71] Eine Maschine »lernt« also, wenn sie mit zunehmender Erfahrung automatisch ihre Aufgabe immer besser erfüllt, ohne dass ihr der Mensch dabei hilft. Und genau das machen künstliche neuronale Netze. Bei ihrem Training mit großen Datensätzen lernen KNNs, Probleme zu lösen, ohne dafür speziell programmiert zu sein wie die alten regelbasierten Programme. Trainiert können KNNs verallgemeinern: das Gelernte auf die im Training nicht verwendeten Fälle anwenden, beispielsweise Gesichter immer zu erkennen, auch auf nie gesehenen Fotos, oder Roboter so zu steuern, dass sie unbekannte Treppen hochsteigen können.

Aus diesem Grund sind KNNs nicht nur eine Unterabteilung der KI, sondern auch des Maschinenlernens. Zum Maschinenlernen gehören aber auch andere Typen von Programmen, wie »Entscheidungsbäume«, »Stützvektormaschinen« (SVM, Support Vector Machines) und andere statistische Modelle. Bei manchen Problemen des maschinellen Lernens werden Entscheidungsbäume erfolgreicher eingesetzt als KNNs: Sie müssen nicht mit großen Datensätzen trainiert werden wie KNNs, arbeiten schneller und verbrauchen somit auch nicht so viel Energie. Doch wenn wir viele Daten zur Verfügung haben und sehr gute Ergebnisse brauchen, sind tief lernende neuronale Netze die richtige Wahl. Im Unterschied zu den klassischen Methoden des Maschinenlernens können tiefe KNNs aus komplexen Daten die abs-

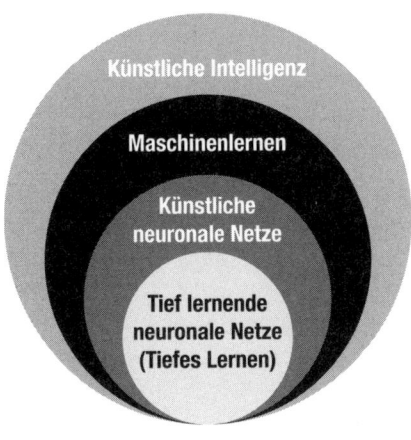

KI Alle Stufen der Nachahmung des menschlichen Denkens, Lernens und Verhaltens

ML Programme lernen Aufgaben zu lösen, ohne dafür explizit programmiert zu sein

KNN Alle künstlichen neuronalen Netze: flache – eine verdeckte Schicht tiefe – mehr als eine verdeckte Schicht

TLNN Die meisten KI-Programme, über die in den Medien berichtet wird, sind tief lernende neuronale Netze

■ **ABBILDUNG 14:** *Der Zusammenhang zwischen Künstlicher Intelligenz, Maschinenlernen und künstlichen neuronalen Netzen*

trakten Merkmale dieser Daten selbstständig erlernen. Für die traditionellen Programme des Maschinenlernens wie die Entscheidungsbäume muss der Programmierer dagegen mühsam alle wichtigen Merkmale des zu behandelnden Datensatzes vorbereiten. Diese Programme des maschinellen Lernens können nicht auf komplexe Probleme angewendet werden, die wir Menschen selbst nicht definieren können.

VII. Die Revolution beginnt: AlexNet

Künstliche Intelligenz ist sozusagen das Endziel der Informatik. In der Informatik geht es darum, Dinge zu automatisieren, und bei Künstlicher Intelligenz geht es darum, alles zu automatisieren.[72]

ALEX KRIZHEVSKY

ImageNet

Am Anfang war das Bild. Seit 2006 machte sich Fei-Fei Li (geb. 1976), damals Professorin für Informatik an der Universität Urbana-Champaign in Illinois, Gedanken darüber, wie man Computerprogrammen beibringen könnte, besser zu sehen. Bis dahin hatten Informatiker versucht, immer bessere Algorithmen zu entwickeln, auch für die Bildverarbeitung, die mit wenigen Daten auskommen würden.[73] Fei-Fei Li wollte den umgekehrten Weg beschreiten: viele und bessere Daten für die bestehenden Algorithmen bereitzustellen. Künstliche neuronale Netze sind nun mal Datenfresser. Und so entschied sich Fei-Fei Li, den Maschinen Futter zu geben – Daten aus der realen Welt: Bilder! »Wir beschlossen, etwas zu tun, das historisch völlig neu war. Wir würden die gesamte Welt der Objekte abbilden.«[74] Und so entstand 2009 die größte Bilderdatenbank der Welt: ImageNet. Anfang 2020 enthielt ImageNet über 21 Millionen Bilder in mehr als 21 000 verschiedenen Objektklassen.

Warum war Fei-Fei Li so darauf bedacht, Bilder zu sammeln, um Maschinen das Sehen beizubringen? Seit 2009, dem Jahr der

Gründung von ImageNet, ist Fei-Fei Li Professorin in Stanford, in der San Francisco Bay Area, bei Palo Alto, dem Hightech-Mekka im Silicon Valley – dem Tal der Algorithmen. Doch die San Francisco Bay Area ist auch der Ort von *The Big One* – des schrecklichen Erdbebens von 1906, der größten Naturkatastrophe in der Geschichte der USA. 2006 jährte sich das große Erdbeben zum hundertsten Mal. Würde San Francisco noch einmal von einer solchen Katastrophe heimgesucht werden? In Fei-Fei Lis Vorstellung könnten perfekt sehende Roboter die Ruinen der Stadt durchkämmen und nach Überlebenden suchen – Menschenleben retten: Wenn wir wollen, dass Maschinen denken, müssen wir ihnen das Sehen beibringen.»Das Sehen zu verstehen und visuelle Systeme zu bauen, bedeutet wirklich, Intelligenz zu verstehen. Und mit dem Sehen meine ich nicht, Pixel zu vergleichen«, sagte Fei-Fei Li der Zeitschrift *Wired*.[75]

Wenn Alan Turing mit seinem Test die maschinelle Verarbeitung der natürlichen Sprache (NLP) zum Flaggschiff der KI-Forschung machte, ist das maschinelle Sehen (Computer Vision, Bilderkennung) ein Flaggschiff mit einer anderen Flagge, doch für die gleiche Sache. Es ist müßig zu streiten, was wichtiger ist, das Sprechen oder das Sehen. Beides ist wichtig: Durch Sehen nehmen wir die Welt wahr, mittels Sprache beschreiben wir sie. In der Forschung von Fei-Fei Li begegnen sich beide Forschungsgebiete der KI: NLP und Computer Vision. Ihre Arbeitsgruppe versucht, Maschinen beizubringen, Szenen und das menschliche Verhalten zu verstehen und zu beschreiben.

Die Bilder für ImageNet stammen aus dem größten Bilderpool aller Zeiten, der jede Sekunde weiterwächst: dem Internet. Fei-Fei Li spricht von »dunkler Materie der digitalen Ära« – Billionen im Netz chaotisch verteilten Bildern und Videos. Jeden Monat tauchen im Web mehr Bilder und Videos auf, als bis dahin seit den Anfängen unserer Zivilisation erstellt wurden. Futter für Algorithmen der Bilderkennung.

Der ebenfalls von Fei-Fei Li gestartete Wettbewerb ImageNet Challenge (ILSVRC, ImageNet Large Scale Visual Recognition Challenge), diese Olympiade der Bilderkennung, zog Forscherteams aus der ganzen Welt an. Wer würde mit seinem Algorithmus bei der Bestimmung von Objekten auf ImageNet-Bildern die kleinste Fehlerrate erreichen? Gleichzeitig stellte ImageNet auch eine umfangreiche und für jeden offene Datenbank dar, an deren Bildern Algorithmen trainiert werden können. Doch konnten Bilderkennungsprogramme vor 2012 mit dieser Fülle an Bildern nicht viel anfangen. Seit den 1990er-Jahren gab es zwar Algorithmen, die fähig waren, Bilder zu »sehen« – das bereits vorgestellte LeNet von Yann LeCun –, trotzdem hatten die damaligen Bilderkennungsprogramme Mühe, einen Schoßhund von einem Kind im Sandkasten zu unterscheiden. Das sollte sich erst 2012 ändern.

AlexNet: Die Maschine mit den besten Augen

Im Jahre 2012 ging ein Raunen durch die Welt der KI, aber auch durch die mediale Welt: Die Doktoranden Alex Krizhevsky und Ilya Sutskever sowie ihr Doktorvater Geoffrey Hinton als Berater, das SuperVision-Team der Universität Toronto, haben mit einem CNN-Modell die ImageNet Challenge gewonnen. Das erste tief lernende neuronale Netz nahm an der ImageNet Challenge teil und errang sogleich den ersten Platz.[76] Erst später wurde das Netz nach seinem Entwickler Alex Krizhevsky benannt: AlexNet. Als einziges Programm des Wettbewerbs erreichte das Programm eine Fehlerrate von sagenhaften 15,3 Prozent. Bis dahin war ein Bilderkennungsprogramm nie unter die Fehlermarke von 25 Prozent gekommen. AlexNet ist, wie auch die meisten anderen CNNs der Folgezeit, nach dem CNN LeNet von Yann LeCun aufgebaut:[77] Nur ist AlexNet tiefer, hat also mehr Schichten und einige andere Verbesserungen.[78] (Siehe Abbildung 12, Seite 72.)

In einem der besten Online-Blogtexte über konvolutionelle neuronale Netze schreibt Adam Geitgey: Schon ein dreijähriges Kind könne einen Vogel auf einem Foto erkennen, doch die weltbesten Computerwissenschaftler hätten 50 Jahre gebraucht, um Programme zu bauen, die Objekte erkennen.[79] Die Zeitangabe stimmt: Die ersten primitiven Muster konnte im Jahr 1958 Frank Rosenblatts Perzeptron erkennen – 54 Jahre lang brauchte sein Perzeptron dann, bis es zum AlexNet herangewachsen war.

Doch das mit dem dreijährigen Kind geht etwas an der Sache vorbei: Die Evolution hat Millionen Jahre gebraucht, um das biologische visuelle System zu entwickeln – somit auch das eines Kindes. Dem Menschen reichten 50 Jahre, um einer Maschine das Sehen beizubringen. Das Wunder war geschehen: die erste Maschine, die »richtig« sehen konnte. Mit einem Vorsprung von 10,8 Prozentpunkten war das künstliche neuronale Netz aus Toronto um 41 Prozent besser als das zweitbeste Programm.[80] Man kann sich vorstellen, welche Fehlerrate bei der Bilderkennung heutige CNNs erreichen: Sie sehen mittlerweile besser als der Mensch.

Seit dem ImageNet-Wettbewerb 2012 sind KNNs der endlich gefundene Heilige Gral der KI, der uns Glück, ewige Jugend und volle Tische bringen könnte. Der Vergleich ist nicht ironisch gemeint: Ein anderer Pionier der KI-Forschung, Andrew Ng, hält KI für die neue Elektrizität: »So wie Elektrizität vor 100 Jahren fast alles verändert hat, fällt es mir heute tatsächlich schwer, an eine Branche zu denken, von der ich nicht glaube, dass sie durch KI in den nächsten Jahren verändert wird.«[81]

Der Mentor des SuperVision-Teams, der KI-Pionier Geoffrey Everest Hinton, hatte schon gemeinsam mit Rumelhart und Williams dem mehrschichtigen Perzeptron mit Backpropagation auf die Sprünge geholfen. Seit den 70er-Jahren des 20. Jahrhunderts hat Hinton versucht, den Gipfel der KI zu stürmen – ein künstliches neuronales Netz zu bauen, das in der realen Welt Aufgaben gut lösen konnte. Dass es Hinton irgendwann gelingen würde, hätte eigentlich schon sein zweiter Vorname andeuten müssen. Diesen hatte Hinton nach seinem Verwandten George Everest bekommen, der herausgefunden hatte, wie man die Höhe des höchsten Berges der Welt messen kann. Ab da trug der Berg seinen Namen: Mount Everest.[82]

Krizhevskys, Sutskevers und Hintons Artikel von 2012 über AlexNet und ImageNet *ImageNet Classification with Deep Convolutional Neural Networks*[83] wurde laut Google Scholar bis Frühjahr 2020 etwa 60000 Mal zitiert.[84] Die vier in 2019 in *Nature*, der weltführenden Wissenschaftszeitschrift, am häufigsten zitierten wissenschaftlichen Artikel beschäftigen sich mit konvolutionellen neuronalen Netzen – momentan beherrschen CNNs die Welt der KI.[85]

Bereits 2013 heuerte Google alle drei Forscher an. Seitdem arbeitet Hinton für Google Brain, hat aber weiterhin seine Professur an der Universität Toronto inne. Google ist der Arbeitgeber in Sachen KI schlechthin. Jeder bedeutende KI-Forscher kann mit einem Job bei dem Internetriesen rechnen, der schon seit seiner Gründung 1998 in Künstliche Intelligenz investiert. Mittlerweile ist die ehemalige Suchmaschine die weltführende Plattform in KI geworden.

Nach dem denkwürdigen Jahr 2012, in dem ein CNN die Image-Net Challenge gewann, ging das Rennen um die Trophäen in Künstlicher Intelligenz erst richtig los: Alle großen Techfirmen fingen an, KI-Experten anzustellen – die neuronalen Konnektionisten: Facebook, Amazon, Microsoft, IBM. Und allen voran Google. Im alten Jahrtausend belächelt, bekommen die Experten für künstliche neuronale Netze in den USA sagenhafte Gehälter. Dem Mitentwickler von AlexNet, Ilya Sutskever, zahlte die von Elon Musk gegründete KI-Plattform OpenAI schon 2016

1,6 Millionen Dollar Jahresgehalt. Sutskever sagte der *New York Times*:»Ich habe Angebote für das Mehrfache des bei OpenAI akzeptierten Dollarbetrags abgelehnt. Andere taten das Gleiche.«[86] Yann LeCun ist der Leiter der KI-Forschung bei Facebook. Fei-Fei Li wurde Anfang 2017 von Google als Leiterin der Google AI Cloud angeheuert. Heute ist sie wieder Professorin in Stanford.

Bereits 2011, ein Jahr vor dem denkwürdigen ImageNet-Wettbewerb, hatte das Team des KI-Pioniers Jürgen Schmidhuber mit seinem tiefen neuronalen Netz eine »übermenschliche« Performance in Bilderkennung erreicht: bei dem IJCNN-Wettbewerb in Silicon Valley.[87] Doch erst nach dem ImageNet-Wettbewerb 2012 wusste die ganze Welt, dass Maschinen endlich sehen konnten:»Dieses ImageNet-Ereignis von 2012 war definitiv der Auslöser der großen Explosion von KI heute. Kurz zuvor gab es einige vielversprechende Ergebnisse bei der Spracherkennung (wieder viele, die von Toronto ausgelöst wurden), aber sie haben sich nicht so öffentlich durchgesetzt wie der ImageNet-Sieg 2012 und in den folgenden Jahren.«[88]

2018 erhielten Geoffrey Hinton, Yann LeCun und Yoshua Bengio (geb. 1964) die wichtigste Auszeichnung für besondere Leistungen in der Computerwissenschaft – den Alan M. Turing Award der Association for Computing Machinery (ACM): für ihre Leistungen in der Erforschung der Künstlichen Intelligenz. »Ehre für die ›Deep Learning Mafia‹«, schlagzeilte die *Neue Zürcher Zeitung*.[89]

Konvolutionelle neuronale Netze heute

Obwohl CNNs für die Bilderkennung entwickelt wurden, dringen sie heute in jedes vorstellbare Gebiet vor: Nicht nur, dass sie Menschen und ihre Gesichter, Tiere, Objekte und Orte auf

Bildern bestimmen. Sie beschreiben und kommentieren Bilder und Videos, wandeln Gesprochenes in Text und Text in Gesprochenes, nehmen Videospiele unter die Lupe, um ihre Spielfiguren zu steuern, sie analysieren Umgebungen und Karten, nehmen Hindernisse wahr und weisen selbstfahrenden Autos den Weg, sie kreieren neue Bilder, die bei Auktionen 400 000 Dollar erzielen. Aber auch die Wissenschaften werden von CNNs revolutioniert. Nicht nur bei der Analyse der bildgebenden Verfahren in der Medizin, der Bestimmung von Krebstumoren und Augenkrankheiten, sondern zum Beispiel auch in der Populationsgenetik, indem man die Netze ausgerichtete DNA-Sequenzen als Bilder betrachten lässt.[90] Bilder sind nun mal die Spielwiese für CNNs.

Es wird aber auch Unfug in der Bilderkennung betrieben. Zum Beispiel bei der visuellen Erkennung von Gefühlen auf Fotos von Gesichtern. Amazon Recognition bietet eine solche Gesichtsanalyse an: Sie laden Ihr Foto hoch, und die Maschine soll Ihrem Gesichtsausdruck Gefühle zuordnen, also bestimmen, ob Sie beispielsweise glücklich, traurig oder überrascht sind. Hier lässt man die Maschine jedoch etwas sehen, was sie nicht sehen kann.[91] Wie Lisa Feldman Barrett in ihrem wunderbaren Buch *How Emotions Are Made*[92] und auch andere Wissenschaftler zeigten, kann man nicht allgemeingültig vom Gesichtsausdruck auf Emotionen schließen. Ein Lächeln beispielsweise kann Freude oder Schadenfreude ausdrücken oder einfach nur aufgesetzt sein – was sich nur aus dem Kontext erschließen lässt.

Im Jahr 2012 öffneten Maschinen die Augen weit. Doch sie beeindruckten uns nicht nur mit ihrer Fähigkeit zu sehen. Sie haben uns Menschen auch die Grenzen unserer Intelligenz gezeigt. Und das gerade bei unserer Lieblingsbeschäftigung: beim Spiel.

VIII. Mensch gegen Maschine

Unsere Intelligenz ist das, was uns zu Menschen macht, und Künstliche Intelligenz ist die Erweiterung dieser Qualität.[93]

YANN LECUN

Wie man die Ehre der Menschheit verteidigt

Im Jahre 1996 besiegte IBMs Schachcomputer Deep Blue den damaligen Schachweltmeister Kasparow in zwei Spielen. Vier Spiele jedoch gewann Kasparow. Ein Jahr später wollte er nach eigenen Worten »die Ehre der Menschheit verteidigen« und trat gegen Deep Blue unter regulären Turnierbedingungen noch einmal an. Kasparow verlor. »Niemand hat Kasparov gebeten, die Ehre der Menschheit zu verteidigen, aber vor allem hat ihn niemand gebeten, diese dann auch noch zu verlieren«, kommentierte der Schachweltmeister Viktor Kortschnoi das denkwürdige Ereignis.[94]

Trotzdem war Deep Blue noch keine richtige Künstliche Intelligenz. Wenn schon, dann eine »Brute-Force-KI« (Pure-Kraft-KI): ein massiv parallel rechnender Computer, der sehr schnell mit vielen eingespeicherten Schachpartien menschlicher Großmeister und Regeln rechnete und Vergleiche zog. Deep Blue konnte 200 Millionen Züge pro Sekunde analysieren. Das erscheint gewaltig. Wer weiß aber, wie viele Züge das Gehirn eines Schachgroßmeisters analysiert, bis er sich für einen Zug entscheidet und diese Entscheidung dann mit seinem »Bauchgefühl«

begründet? Aus den Schachpartien lernen und neue Schachstrategien entwickeln, konnte Deep Blue auf jeden Fall nicht. Wie war es aber mit etwas komplizierteren Spielen als Schach? Konnte eine Maschine einen menschlichen Meister im Go schlagen? Go ist ein 4000 Jahre altes Spiel aus China, das in Asien einen so hohen Stellenwert hat wie Schach in der westlichen Welt. Beim Go-Spiel setzen zwei Spieler abwechselnd ihre weißen und schwarzen Steine auf ein Brett mit 19 × 19 Feldern (ein Schachbrett hat nur 8 × 8 Felder). Das Spiel ist somit komplexer, mit viel mehr möglichen Positionen und Zügen als Schach. Ziel des Spiels ist es, die Steine des Gegners immer weiter einzukreisen und mehr Fläche als der Gegner auf dem Spielfeld zu erobern. Deshalb heißt das Spiel auf Chinesisch »Weiqi«, Spiel des Umzingelns. Sieger ist, wer mehr als die Hälfte des Bretts mit seinen Steinen besetzt hat.

Am Anfang des ersten Jahrtausends breitete sich Go in Asien aus, im Jahr 500 n. Chr. kam das Spiel nach Japan. Im Westen ist Schach, das »königliche Spiel«, als das strategische Spiel schlechthin bekannt, doch Go lehrt die »Kriegsführung« viel tiefgehender als Schach. Bei Go greifen sich nicht zwei hierarchisch angeordnete Armeen frontal an, hier können Krieger (Steine) den Gegner in seinem eigenen Gebiet umzingeln. Man muss ständig auf der Hut sein und überlegt strategisch handeln. Deshalb war das Spiel schon im frühen Mittelalter bei den japanischen Samurai so beliebt, dass es zu ihrer militärischen Ausrüstung gehörte: Nach den Kämpfen begannen die Go-Turniere.[95]

Nach der beim Schach verlorenen Ehre der Menschheit im Jahr 1997 meinten einige kluge Menschen, Schach sei nun mal nicht so kompliziert wie Go, bei diesem Strategiespiel würde eine Maschine sich nie behaupten können. Ein Computerprogramm könnte nie einen Go-Meister schlagen. Für dieses Spiel brauche man eine typische menschliche Eigenschaft: Intuition! Stimmt das?

Die Maschine und ihre Intuition: AlphaGo

19 Jahre später, 2016, war es dann so weit: AlphaGo, ein KI-Modell der Google-Firma DeepMind, schlug den weltbesten Go-Spieler Lee Sedol in fünf Partien 4:1[96] und gewann somit diesen von den Medien enthusiastisch begleiteten Wettkampf und dazu das Preisgeld von einer Million Dollar. Der Südkoreaner Lee Sedol errang einen einzigen Sieg. Ab da beherrschte die Maschine auch dieses Meistertraining im strategischen Denken schlechthin, »das schwierigste Spiel der Welt«, wie *Die Welt* damals schlagzeilte.[97]

Im Vergleich zu Deep Blue beim Schach gegen Kasparow hat AlphaGo wirklich gelernt, Go zu spielen, wendete also nicht nur eine Brute-Force-Methode an, um alle sinnvollen Züge einfach zu berechnen. AlphaGo war ein tief lernendes Modell, so wie 2012 AlexNet, das die ImageNet Challenge gewann. Mit AlexNet hatte die Revolution im Bereich Künstlicher Intelligenz begonnen, doch spätestens nach dem Sieg von AlphaGo über den weltbesten Go-Spieler wusste die gesamte Welt, dass es eine Revolution gab. Ihre Anführer hießen: tief lernende neuronale Netze.

Bereits im Herbst 2015, ein paar Monate vor dem denkwürdigen Spiel AlphaGo gegen Lee Sedol, hatte AlphaGo den Europameister im Go, Fan Hui, vernichtend 5:0 geschlagen. Doch Fan Hui gehörte nicht zur Go-Weltspitze. Deshalb dachten auch hier Experten, es würde noch zehn Jahre dauern, bis eine Maschine einen Weltniveau-Go-Spieler besiegen könnte. Doch AlphaGo brauchte nur ein paar Monate dafür. Auch das zeigt, wie rasend schnell die Entwicklung der KI-Programme vorangeht.

Ganz Asien hatte das Go-Spiel Mensch gegen Maschine live an den Bildschirmen verfolgt. Doch auch in der restlichen Welt spürten viele plötzlich, dass hier etwas Neues passierte: Go ist nun mal das Spiel der Spiele. Das zeigt auch der großartige Dokumentarfilm *AlphaGo* aus dem Jahr 2017.

Wie funktioniert AlphaGo?[98] Bei diesem KI-Modell kamen unter anderem konvolutionelle neuronale Netze zum Einsatz. Mithilfe des überwachten Lernens analysierte das Programm 30 Millionen Positionen aus 130 000 menschlichen Go-Partien. Man verwendete CNNs, da sie Objekte auf Bildern erkennen können, und Positionen von Steinen auf einem Go-Brett ergeben nun mal Bilder. Nur hat ein solches Lernen an vorhandenen Partien seine Grenzen. Nach diesem Training konnte AlphaGo nur so spielen, wie die Go-Meister in diesen Partien spielten. Deep-Mind wollte aber einen Spielmeister entwickeln – ein Programm, das besser spielte als jeder Go-Weltmeister.

Wie sollte man das einer Maschine beibringen? Mit bestärkendem Lernen: Die Maschine wird bei Zügen, die zum Sieg führen, belohnt, anderenfalls bestraft, und das mit Punkten: mit Pluspunkten bei sinnvollen Handlungen und mit Minuspunkten bei Handlungen, die in Sackgassen führen.

In einem weiteren Schritt spielte AlphaGo 64 000 Spiele gegen eine weniger entwickelte Vorgängerversion, und das bestärkt. Anschließend spielte die Maschine etwa 1,3 Millionen Spiele gegen sich selbst. So lernte das Programm immer besser zu spielen, bis es das Go-Turnier des Jahrtausends gegen den damals weltbesten Go-Spieler gewann.

Obwohl man auch hier nicht sagen kann, dass AlphaGo denken könne, erteilte das Programm uns Menschen eine Lehre, gerade was Denken betrifft: Nach seinem Training hat AlphaGo die bekannten Go-Strategien über Bord geworfen und wohl auch deswegen Lee Sedol besiegt. Statt sklavisch – nur besser – den Stil der menschlichen Go-Großmeister nachzuahmen, hat AlphaGo die bekannten Spielstrategien missachtet und sehr unkonventionell gespielt, ja, »unsinnige Züge« gemacht.[99] Getreu dem Motto von Albert Einstein: »Wenn du ein wirklicher Wissenschaftler werden willst, dann denke wenigstens eine halbe Stunde am Tag das Gegenteil von dem, was deine Kollegen denken.«[100]

Ein KNN-Modell spielte also freier und anarchischer als Generationen von menschlichen Go-Spielern. Die Menschen hatten nach eingefahrenen »Regeln« gespielt, die zum Sieg führen sollten. Wie Roboter, die festgeschriebene Algorithmen ausführen. Bis AlphaGo das Go-Spiel aufmischte. Wer spielte also eher wie ein Mensch? Generationen von Go-Spielern oder AlphaGo?

Die anderen »AlphaTiere«

DeepMind setzte dann noch einiges drauf in Sachen Spiele: Das Folgemodell AlphaGo Zero lernte Go, indem es nur gegen sich selbst spielte, also keine menschlichen Partien zum Lernen brauchte. AlphaGo Zero wurden nur die Regeln des Go-Spiels beigebracht. Es fing einfach mit unsinnigen zufälligen Zügen an, wurde nach einer bestimmten Vorschrift belohnt oder bestraft und steigerte sich mit Millionen von Zügen, bis es unschlagbar wurde. AlphaGo Zero schlug das Mutterprogramm AlphaGo bei jedem Spiel, und kein Go-Spieler hat nunmehr eine Chance.

Das letzte Modell AlphaZero beherrscht virtuos mehrere Spiele – Schach, Go, Shogi. Auch Schach lernte AlphaZero, indem es nur gegen sich selbst spielte. Nach Millionen solcher Partien gegen sich selbst nach dem Trial-and-Error-Prinzip des bestärkenden Lernens ist AlphaZero unbesiegbar. Kein Schachgroßmeister kann dieses Modell aus künstlichen neuronalen Netzen schlagen.

Das Programm beeindruckte sogar Garri Kasparow: »Ich kann meine Zufriedenheit nicht verbergen, dass es (AlphaZero) mit einem sehr dynamischen Stil spielt, ähnlich meinem eigenen.«[101]

Als der »vielleicht größte Schachspieler der Geschichte« im Februar 2020 den Ort besuchte, an dem er 1997 gegen Deep Blue verloren hatte, den Ballsaal eines Hotels in New York, sollte er dort mit einigen KI-Experten diskutieren. In einem sehr interessanten Interview – unter anderem auch über AlphaZero – antwortete Kasparow der Zeitschrift *Wired* auf die Frage, wie es sich anfühle, an den Ort seiner Niederlage gegen Deep Blue zurückzukehren: »Ich habe meinen Frieden damit gemacht. Am Ende des Tages war das Spiel kein Fluch, sondern ein Segen, denn ich war Teil von etwas sehr Wichtigem. Vor zweiundzwanzig Jahren hätte ich anders gedacht. Aber Dinge passieren. Wir alle machen Fehler. Wir verlieren. Wichtig ist, wie wir mit unseren Fehlern umgehen, mit negativen Erfahrungen. (…) 1997 war eine unangenehme Erfahrung, aber sie hat mir geholfen, die Zukunft der Mensch-Maschine-Kooperation zu verstehen. Wir dachten, wir seien unbesiegbar, beim Schach, Go, Shogi. Bei all diesen Spielen wurden wir allmählich an die Seite gedrängt (durch immer leistungsfähigere KI-Programme). Aber das heißt nicht, dass das Leben vorbei ist. Wir müssen herausfinden, wie wir es zu unserem Vorteil nutzen können.«[102] Kasparow fügte hinzu: Er sei der erste »Wissensarbeiter«, dessen Arbeit von einer Maschine bedroht wurde. Niemand könne ihn also verdächtigen, für Computer voreingenommen zu sein.

Auch die internationale Schachmeisterin Natasha Regan analysierte vier Monate lang die Schachspiele von AlphaZero und berichtete, dass sich dadurch ihr Verständnis für Schach verändert und bereichert habe.[103] Ähnlich hatten sich Go-Spieler nach Lee Sedols Niederlage gegen AlphaGo geäußert. Was ist sie also, unsere menschliche Intuition im Spiel? Sicher verdanken wir auch das »Bauchgefühl« unserem Gehirn – es kann nun mal genial Muster erkennen, auch wenn wir diese Mustererkennung nicht direkt erfassen, sondern nur ihr Ergebnis anwenden. Wir fühlen oft: »Das ist der beste Schachzug.« Weil wir nicht in der Lage sind, alle möglichen Züge im Voraus zu berechnen. Gute Schachspieler sehen einfach besser Muster, die zum Sieg führen, weil sie an vielen Schachpartien (Beispielen) trainiert haben. Erklären aber, warum sie gerade diesen bestimmten Zug gemacht haben, können sie oft nicht. So wie der schon erwähnte Michael

Polanyi postulierte: »Wir wissen mehr, als wir sagen können.«
Murray Campbell vom T. J. Watson Research Center in Yorktown Heights (New York) war im IBM-Team dabei, das Deep Blue in den 1990er-Jahren für die Spiele mit Kasparow vorbereitete. Nachdem das DeepMind-Team in der Fachzeitschrift *Science* im Dezember 2018 AlphaZero vorgestellt hatte,[104] schrieb Campbell in seinem *Science*-Kommentar *Das Meistern der Brettspiele*,[105] Schach, Shogi und Go seien sehr komplex, würden jedoch eine Reihe von Eigenschaften aufweisen, die sie für KI-Systeme erleichterten: Es gebe nur zwei Spieler, und beide hätten alle Informationen über die Spielsituation zur Verfügung. Das sei zum Beispiel bei Poker anders, und das wäre die nächste Herausforderung für spielende Maschinen. Auch das Online-Spiel StarCraft sei etwas schwieriger zu meistern als Schach oder Go, sagte Campbell dem Magazin *IEEE Spectrum* (Institute of Electrical and Electronics Engineers) im Dezember 2018. Er nahm jedoch an, Poker und StarCraft könnten von einer Maschine in zwei bis drei Jahren geknackt werden.[106] Doch so lange sollte es nicht mehr dauern.

AlphaStar

Bereits am 19. Dezember 2018 besiegte AlphaStar[107], ein Modell aus KNNs der Firma DeepMind, in einer Spielserie vernichtend (5:0) den Polen Grzegorz »MaNa« Komincz von Team Liquid, einen der weltbesten StarCraft-Spieler. Im Anschluss schlug AlphaStar MaNas Teamkameraden Dario »TLO« Wünsch aus Deutschland:[108] »Es war aufregend zu sehen, wie der Agent seine eigenen Strategien entwickelte, die anders waren als die der menschlichen Spieler.«
StarCraft II ist ein E-Sport-Spiel der Firma Blizzard Entertainment, die auch das bekannte Fantasy-Action-Spektakel Warcraft

entwickelte und betreibt. E-Sport-Spiele werden, wie es der Name schon sagt, auf elektronischen Geräten gespielt, also auf Computern. StarCraft II gehört zu den beliebtesten E-Sport-Arten: den Echtzeit-Strategiespielen. Die besten Spieler treffen sich dazu weltweit auf Turnieren. Das populärste ist »Battle.net World Championship«, von Blizzard auf der sogenannten »Blizz-Con« organisiert, mit Preisgeldern in Höhe von mehreren Hunderttausend Dollar. Anders als das Fantasy-Spiel Warcraft wird StarCraft II jedoch in einer futuristischen Science-Fiction-Welt gespielt. Es geht um nichts Geringeres als um die Vorherrschaft im Weltall, man muss Armeen aufbauen und Feinde besiegen. Professionelle StarCraft-Spieler wie TLO und MaNa können Hunderte von Aktionen pro Minute durchführen.

Sinn des Strategiespiels ist es nicht, unbedingt jeden Kampf zu gewinnen, sondern sich auch mit anderen Spielern gegen stärkere Gegner zu verbünden. Ein Agent (eine Maschine) müsste beides können: Kämpfe bestehen und Partner finden, um mit ihnen gemeinsam gegen Übermächtige ins Feld zu ziehen. Damit die Maschine das Spiel beherrscht, muss sie also, ebenso wie der Mensch im Laufe seiner Evolution, lernen, mit anderen zu kooperieren. Dabei steht dem Agenten bei jedem Schritt eine von 10^{26} möglichen Aktionen zur Auswahl. Er muss Tausende Aktionen durchführen, bevor er erfährt, ob er das Spiel gewonnen oder verloren hat.

2019, ein paar Monate später, durfte DeepMind sein AlphaStar auf Blizzards StarCraft-Spieleplattform »battle.net« spielen lassen – im Wettkampf gegen reale Spieler, die jedoch nie wussten, wann sie gegen AlphaStar spielten. Dabei musste AlphaStar unter den gleichen regulären Bedingungen wie die Menschen spielen; beispielsweise konnte das Modell das Spielfeld nur durch eine Im-Spiel-Kamera beobachten, dem Programm wurde also nicht das Gesamtspielfeld gezeigt, noch wurden ihm numerische Daten zugeführt. Nach 44 Tagen Training auf »battle.net«

erreichte das Programm im StarCraft den Großmeister-Status, gehörte also zu 0,2 Prozent der besten Spieler. Wie meisterte AlphaStar das Spiel? Mit dem Kern aus einem tiefen LSTM-Netz und mithilfe des bestärkenden Lernens lernte das Programm in einer Kombination von »Selbst-Spiel« (Self Play) und dem sogenannten »Nachahmungslernen« (Imitation Learning). Im Grunde liegen AlphaStar ähnliche Algorithmen wie seinem Vorgänger AlphaZero zugrunde – überwachtes Lernen und bestärkendes Lernen heißen die Zauberwörter.[109] Wenn man Robotern das Spielen, Laufen, Springen beibringen will, und Autos, selbstständig zu fahren, kommt man ohne bestärkendes Lernen nicht aus. Da die menschlichen StarCraft-Spieler nicht wussten, wann sie gegen eine Maschine spielten, scherzte DeepMinds Chefwissenschaftler David Silver, AlphaStar habe den Turing-Test von StarCraft bestanden.[110]

Warum sind solche Spielereien wichtig? Warum entwickelte DeepMind ein Programm, das in einem Strategiespiel mit mehreren Spielern brillieren konnte, in einer komplexen Spielwelt? Es war ein weiterer wichtiger Schritt – zu Robotern, die selbstständig in der realen Welt agieren können. Schach und Go sind geschlossene Spielsysteme. StarCraft ist mehr: ein Übergang zu offenen und komplexen Umgebungen der realen Welt. KI-Forscher wollen Robotern beibringen, in ihr zu arbeiten, auch zusammen mit Menschen. Viele Roboter in Fabriken stehen immer in umzäunten Bereichen oder streng getrennt, damit sie bei der Bewegung ihrer Arme Menschen nicht verletzen. Man will jedoch Roboter bauen, die sich so bewegen und verhalten, wie Menschen es tun, um auf Unvorhersehbares reagieren zu können. Damit sie mit Menschen zusammenarbeiten können: kollaborative Roboter in der Industrie 4.0. Und auch Pflegeroboter müssen sich unter Menschen bewegen.

AlphaStar kann sehr langfristige Folgen von Handlungen entwickeln, die auf unvollständigen Informationen über seine Umwelt basieren. Genau solche Programme brauchen wir: die weit in die Zukunft blicken können. Damit sie Vorhersagen über die Entwicklung komplexer Systeme treffen, wie das Wetter oder das Klima. Diese Programme können auf Techniken aufbauen, die AlphaStar zugrunde liegen.[111] Deswegen mussten Maschinen Herausforderungen in immer komplexeren Welten bestehen: Zuerst hat ein Programm Menschen im Dame-Spiel besiegt, dann im Schach, später im Go und jetzt im StarCraft. Können sich Maschinen auch im Poker behaupten? Gewinnt hier nicht immer der Spieler mit dem besten »Pokerface«? Eine Maschine hat doch kein Gesicht.

Poker

Im August 2019, schon acht Monate nach Campbells Prophezeiung, haben KI-Forscher in der Zeitschrift *Science* die Poker-Maschine Pluribus vorgestellt, die gegen fünf professionelle Poker-Spieler viel besser als diese spielen konnte – »superhuman« (übermenschlich), wie es im KI-Jargon heißt.[112] Pluribus lernte Poker mit sechs Spielern zu meistern, indem es gegen fünf identische Kopien von sich selbst spielte. Bis dahin konnten Maschinen Poker nur zu zweit spielen, doch in solch einem offenen Spiel mit sechs Spielern besser als der Mensch zu sein, war eine Meisterleistung und ein neuer Meilenstein in der Entwicklung von Künstlicher Intelligenz.

OpenAI: Das Versteckspiel

Im September 2019 ließen Forscher der Plattform OpenAI zwei Teams von KI-Agenten ein Versteckspiel in einer virtuellen Landschaft lernen – mit bestärkendem Lernen.[113] Die Agenten bekamen keine Instruktionen, die »Sucher« wurden nur mit Punkten belohnt, wenn sie die »Versteckten« gefunden hatten. Umgekehrt bekamen die Versteckten Punkte, wenn sie nicht entdeckt wurden. Nach vielen Millionen Spielen lernten die, die sich versteckten, die Eingänge in bestimmte abgetrennte Bereiche des virtuellen Raums mit Gegenständen zu blockieren, nach weiteren Millionen von Spielen lernten die Sucher aber, Rampen zu diesen Barrieren zu schieben, um sie zu überwinden. Und so weiter. Immer komplexere Verhaltensweisen brachten sich die Teams bei. Auf Youtube gibt es das kurze OpenAI-Video »Multi-Agent Hide and Seek«, das zeigt, wie wunderbar dieses bestärkende Lernen funktioniert: Nur durch viel Training und mit Belohnungs- und Bestrafungspunkten entwickeln die Avatare unglaubliche Strategien für ihre Aufgaben.

Manche Errungenschaften des bestärkenden Lernens muten wie Wunder an. Nehmen wir an, wir haben Roboter, die sich bewegen können wie ein Mensch. Wer würde ein Wettrennen durch ein großes unbekanntes Gebäude gewinnen? Der Mensch oder die Maschine?

KI-Agenten unterwegs

Im Januar 2020 stellte Facebook ein KNN-Modell vor, das sich mit bestärkendem Lernen in Gebäuden orientieren kann, ganz ohne Karten.[114] Das war bis dahin unmöglich, für ihr Training brauchen Roboter präzise Karten der Umgebung. Facebooks Agent dagegen konnte sich perfekt nur mithilfe von GPS- und Kompassdaten orientieren sowie mit Kameras für die Tiefenerfassung im »AI Habitat« – Facebooks Virtual-Reality-Welt zum Training von virtuellen Agenten, also von Bots. Diese Computerwelt ist perfekt dreidimensionalen (3-D) Gebäuden in der realen Welt nachempfunden.

»Tiefenempfindliche« Kameras sind 3-D-Kameras. Mit den klassischen 2-D-Kamera-Daten trainiert, können künstliche neuronale Netze oft nicht zwischen zweidimensionalen und dreidimensionalen Objekten unterscheiden: Eine berühmte chinesische Managerin bekam eine Strafanzeige, weil sie verbotenerweise eine Straße überquert hatte. Doch die Kamera hatte die Managerin auf einem Plakat gefilmt, das an einem vorbeifahrenden Bus angebracht war.[115] Damit Maschinen auch dreidimensionale Objekte im realen Leben korrekt erkennen, müssen sie mit 3-D-Filmen trainiert werden, die mit einer 3-D-Kamera aufgenommen wurden.

Das Facebook-Modell wurde drei Tage lang mit 2,5 Milliarden Schritten durch das AI Habitat trainiert, also durch von Menschen entworfene Innenarchitekturen. Für so viele Schritte braucht ein Mensch etwa 80 Jahre. Nach dem Training konnte der Agent nahezu hundertprozentig den kürzesten Weg durch die virtuellen Gebäude des AI Habitats finden. Wie war das ohne Karten möglich? Woran konnte sich der Agent in Gebäuden so gut orientieren, dass er nicht umherirrte, sondern schnurstracks den kürzesten Weg zum Ziel nahm? Das wussten die Facebook-Forscher nicht. Auch hier waltet die Blackbox der KI: Wir wissen nicht, wie KI ihre Entscheidungen trifft. Man vermutet aber, das Modell habe durch das Training verinnerlicht, wie der Mensch Gebäude baut. Es fand Muster in solchen von Menschen erzeugten Innenarchitekturen und nutzte sie dafür, den kürzesten Weg durch diese Gebäude zu finden.

»Das ist so wie bei meinem Sohn«, sagte ein Freund, Udo Mannel, als ich ihm von den schlauen Facebook-Agenten erzählte. »Wenn ich eine Funktion an meinem Smartphone nicht finde, nimmt mein Sohn das Smartphone und findet diese Funktion innerhalb von wenigen Sekunden. Auch wenn er ein anderes Modell hat als ich. Er ist mit den Geräten aufgewachsen und somit an die Muster angepasst, die der Bedienung eines Smartphones zugrunde liegen. Ich kann dagegen besser mit einem Schraubenzieher umgehen.«

Bis heute haben sich Spiele-Erfinder sicher nicht viele Gedanken gemacht, ob ihre Spiele von Maschinen übernommen werden können. Vielleicht tut sich jetzt aber durch die maschinelle Überlegenheit in Computer- und Brettspielen eine neue Marktlücke auf: Spiele zu entwickeln, in denen Menschen den Maschinen überlegen bleiben. Welche Spiele könnten es sein? Sicher solche, bei denen unsere sensomotorischen Fähigkeiten und der gesunde Menschenverstand viel stärker zum Einsatz kommen als bei den gängigen Tisch- und Brettspielen.

Um jedoch auch Fußball und andere komplexe Sportarten »übermenschlich« zu meistern, werden Roboter sicher noch einige Jahre brauchen, vielleicht sehr viele. Das hängt am Ende nicht nur von den Programmen ab, sondern auch von der Hardware: Wann werden wir Roboter bauen, deren Körper sich so geschmeidig bewegen können wie John Travolta in *Saturday Night Fever*? Über gesunden Menschenverstand werden Maschinen noch lange nicht verfügen, nicht einmal über gesunden Maschinenverstand.

Falsche Propheten?

1957 prophezeite der KI-Pionier und Nobelpreisträger Herbert Alexander Simon (1916–2001), einer der Teilnehmer der berühmten KI-Konferenz in Dartmouth, eine Maschine werde einen Schachweltmeister innerhalb der nächsten 10 Jahre besiegen. 40 Jahre gingen danach ins Land, bis Kasparow 1997 dem IBM-Programm Deep Blue unterlag.

1993 erklärte der Mathematiker und Science-Fiction-Autor Vernor Vinge auf dem Symposium *Vision 21*, das von der NASA unterstützt wurde:»Binnen dreißig Jahren werden wir die technischen Mittel haben, um übermenschliche Intelligenzen zu erschaffen. Kurz danach wird das Zeitalter der Menschheit beendet werden.«[116] Bald sind diese 30 Jahre um, und Maschinen können immer noch nicht »übermenschlich« denken. Eigentlich können Maschinen überhaupt nicht denken.

Viele andere Versprechungen von KI-Wissenschaftlern haben sicher enttäuschte Erwartungen und zwei Winter der Künstlichen Intelligenz mitverursacht. Früher ging kein KI-Traum so schnell in Erfüllung, wie sein Träumer ihn geträumt hatte. Doch ab 2012 weht ein anderer Wind durch die digitale Landschaft. Plötzlich erfüllen Prophezeiungen sich schneller, als man sich das vorstellen kann. Jeden Tag erfahren wir heute von neuen beeindruckenden Anwendungen von Künstlicher Intelligenz. Als wären die Programme plötzlich aus einem langen Dornröschenschlaf erwacht. Dabei waren die meisten grundlegenden Algorithmen für künstliche neuronale Netze bereits in der zweiten Hälfte des 20. Jahrhunderts entwickelt worden.

Warum erst jetzt?

Warum aber findet die KI-Revolution erst jetzt statt? Warum konnten die KI-Bilderkennungsprogramme vor 2012 nur sehr mangelhaft Bilder erkennen, obwohl es schon seit den 1990er-Jahren konvolutionelle neuronale Netze gab? Weil unsere damaligen Computer mit diesen komplexen Netzen und den vielen Daten, die sie zum Lernen brauchen, nicht rechnen konnten. Dafür mussten erst Computer mit einer viel besseren Rechenleistung entwickelt werden.

In den 1990er-Jahren forschte an unserem Lehrstuhl für Theoretische Chemie der TU München mein Kollege Marc-Denis Weitze über künstliche neuronale Netze. Seine Netze setzten sich aus maximal 64 Neuronen zusammen, von denen jedes mit jedem verbunden war (Hopfield-Netz): Also 64 × 63/2 Verbindungen im Netz, was 2.016 Gewichtungen entspricht.[117] Der Großrechner im Leibniz-Rechenzentrum brauchte damals ein paar Nächte, um mit diesem Netz von nur 2.016 Gewichtungen zu rechnen. Im Februar 2020 stellte OpenAI sein Modell aus künstlichen neuronalen Netzen für die maschinelle Verarbeitung der natürlichen Sprache GPT-3 vor: mit 175 Milliarden Gewichtungen![118] Beim Training des Netzes müssen also nach jedem Durchlauf der Signale eines Beispiels 175 Milliarden Gewichtungen (Parameter) neu berechnet werden. Ganz schön viel im Vergleich zu den KNNs in den 1990er-Jahren.

Doch nicht nur leistungsfähigere Rechner, sondern eine weitere Voraussetzung war nötig für die Revolution im Bereich Künstlicher Intelligenz.

Das Öl des Zeitalters der Künstlichen Intelligenz

»Die wertvollste Ressource der Welt ist nicht mehr Öl, sondern Daten«, so betitelte *The Economist* im Mai 2017 einen Artikel.[119] Der Vergleich untertreibt: Ein Auto verbraucht sieben Liter Benzin, um 100 Kilometer zu fahren. Ein Modell aus künstlichen neuronalen Netzen muss mit sehr viel mehr Daten gefüttert werden: mit Tausenden Bildern, mit Millionen Sätzen und mit Abermillionen Zügen in einem Spiel, um nach dem Training seine Aufgabe meistern zu können.

Warum aber sind KNNs solche exzessiven Datenfresser? Wie oft zeige ich meinem Kind eine Pfütze? Einmal! Ab da ruft es immer glücklich: »Papa! Pfütze!«, bevor es hineinhüpft. Ein künstliches neuronales Netz muss dagegen Zehntausende Pfützenbilder analysieren, bis es auch noch nie gesehene Pfützen als Pfützen erkennt. Das kostet Rechenpower.

KNNs wurden nur rudimentär von den natürlichen neuronalen Netzen des Gehirns inspiriert, die im Laufe der Evolution auf unser Überleben hin optimiert wurden. Sie sind wunderbar verflochten, so genial, dass wir alle Geheimnisse unseres Gehirns vielleicht nie entschlüsseln beziehungsweise verstehen können. Was künstlichen neuronalen Netzen an Struktur fehlt, müssen sie mit Trainingsdaten aufwiegen. Und so sind die künstlichen neuronalen Netze Datenfresser: Je mehr Daten ein solches Modell für das Training hat, umso besser kann es seine Aufgabe lösen.

Das erklärt auch, warum die großen Onlineplattformen wie Google und Facebook den Frühling im Bereich Künstlicher Intelligenz gestartet haben und weiter aufrechterhalten: Schon jetzt gibt es im Internet 40-mal mehr Bytes an Daten als Sterne im beobachtbaren Universum.[120] Jede Minute werden auf der Welt etwa 4,5 Millionen Suchvorgänge mit Google durchgeführt und 277 000 Beiträge bei Instagram gepostet. Tendenz steigend! Auch dass wir etwa 700 000 Videos pro Minute bei Netflix schauen oder 4,5 Millionen Videos bei Youtube, lässt den Berg an Daten steigen. Die Begeisterung der Internetplattformen für das Sammeln unserer Daten sehen viele Menschen zurecht kritisch. Andererseits hätte es ohne die Onlineplattformen und Techfirmen diese Entwicklungen im Bereich Künstlicher Intelligenz nicht gegeben.

Die Perfektionierung der Bilderkennung in den KI-Abteilungen von Google und Facebook wäre ohne die Millionen Fotos und Videos im Internet nicht möglich. 2012 ließ Google ein KNN auf 16 000 vernetzten Mikroprozessoren 10 000 Millionen Youtube-Videos untersuchen. Allein aufgrund dieser Videos hat das Programm eine neue Kategorie für Bilder in diesen Videos definiert: Katzen.[121] Ohne bis dahin etwas von Katzen gehört zu haben, hatte die Maschine eine neue Youtube-Klasse erschaffen: Katzenvideos.

Damals konnte das Netz Menschen, Katzen und andere Bilder mit einer Genauigkeit von 75 bis 80 Prozent erkennen. Ein paar Jahre später konnten künstliche neuronale Netze Menschen, Gesichter, Tiere und Objekte mit höherer Genauigkeit erkennen, als wir Menschen es vermögen. Die großen Erfolge von Googles DeepMind in der Diagnose von Augenkrankheiten[122] und Krebsarten dank des maschinellen Sehens revolutionieren unsere Medizin. Auch die rasante Entwicklung des autonomen Fahrens sollten wir nicht vergessen, die den Klimawandel positiv beeinflussen kann. Damit Autos selbstständig fahren können, brauchen sie nicht nur gute Algorithmen, um die Umgebung zu analysieren und das Auto zu steuern, sondern Unmengen an Daten über ihre Umgebung, welche den KI-Programmen beständig aus ihren Sensoren zufließen: aus Kameras, Radaren, Lidaren, Bewegungssensoren.

Das Zeitalter der Daten ist angebrochen. Und wir alle legen immer neue Daten auf den Berg, schon wenn wir unser Smartphone einschalten oder die Google-Suche starten. Die momentane Explosion an Errungenschaften im Bereich der Künstlichen Intelligenz verdanken wir allerdings nicht unseren Universitäten, Forschungseinrichtungen und den traditionellen Firmen. Die KI-Revolutionäre sitzen in den großen Techfirmen und Internetkonzernen: Google, Facebook, Amazon, Microsoft, IBM und Baidu, eine chinesische Internetplattform. Hätten diese Plattformen keine Möglichkeit, ihre Modelle mit vielen Daten zu trainieren, gäbe es jetzt keinen Big Bang der Künstlichen Intelligenz. Wäre dann aber die KI-Revolution nicht anderswo passiert? Ohne uns? Als ich einen chinesischen KI-Forscher fragte, wie es möglich sei, dass China sich langsam der Weltführerschaft im Bereich der Künstlichen Intelligenz nähere, sagte er: »Wir haben die Daten!«, und lächelte.

Er hat es auf den Punkt gebracht. Und das weist auch auf ein großes Problem hin: Je mehr Datenschutz, umso weniger Daten stehen den Plattformen zur Verfügung, umso eher aber können andere weltführend im Bereich der KI werden. Ist das gut für uns? Wladimir Putin sagt:»Wer in diesem Bereich die Führung übernimmt, wird Herrscher der Welt.«[123] Auf jeden Fall wird unser Umgang mit Daten unsere Zukunft prägen. Hoffentlich finden wir Wege, unsere Daten dem Allgemeinwohl zur Verfügung zu stellen, wie in der Medizin, ohne unsere Persönlichkeitsrechte aufzugeben – wenn diese Daten anonym bleiben. Wenn ich bei der Bestimmung einer für mich erfolgversprechenden Therapie von den Gesundheitsdaten der anderen profitieren will, sollten auch sie von meinen Daten profitieren können. In den ärztlichen Protokollen weltweit sind Unmengen an wertvollen medizinischen Daten verborgen. Können Maschinen helfen, diese wertvollen Informationsschätze zu bergen?

IX. Wie Maschinen sprechen lernen

NLP ist eine Art Kaninchen im Scheinwerferlicht der Maschine für Deep Learning, das darauf wartet, plattgemacht zu werden.[124]

NEIL LAWRENCE

The Imitation Game

Egal, wie man zum Turing-Test steht, mit seinem »Imitation Game« zeigte Alan Turing Weitsicht: Der Weg zur Künstlichen Intelligenz führt durch sprechende Maschinen. Dass er damit recht hatte, beweisen die allgegenwärtigen Chatbots: Siri, Alexa, Cortana, Google Assistant. Die maschinelle Verarbeitung der natürlichen Sprache (NLP) ist von Anfang an das Flaggschiff, das uns zur Künstlichen Intelligenz führt. Denken können die Chatbots immer noch nicht, doch manchmal zeigen sie Humor, wie das KI-Programm »Jabberwocky« bei Turing-Tests vor dem Jahr 2012.[125]

PRÜFER: Ok, but are you always right?
JABBERWOCKY: Sometimes I am left

Oder:

PRÜFER: How small is small anyhow?
JABBERWOCKY: Small
PRÜFER: Yes but exactly how small?
JABBERWOCKY: Very small

Die maschinelle Sprachverarbeitung soll Computern beibringen, wie ein Mensch zu sprechen, das heißt auch Texte zu verstehen und die daraus gewonnenen Daten anzuwenden. Trotzdem dümpelte die Maschinen-Mensch-Kommunikation jahrzehntelang vor sich hin. 50 Jahre lang hat man versucht, linguistische Regeln aufzustellen, durch die Maschinen sprechen könnten wie Menschen. Erst im neuen Jahrtausend wurde immer deutlicher: Je mehr Sprachregeln sich Linguisten für die maschinelle Verarbeitung der natürlichen Sprache ausgedacht haben, umso ferner schien das Ziel einer sprachbegabten Maschine zu sein. Scharen an Linguisten verbrachten schlaflose Nächte, um grammatische und stilistische Regeln für regelbasierte Übersetzungsprogramme zu »erfinden«. Diese setzten Informatiker dann in Programmen um. Doch die ganze Mühe führte zu nichts. Von regelbasierten Sprachsystemen wird heute kein Algorithmus, kein Ansatz mehr verwendet. Das veranlasste den tschechisch-amerikanischen Informatiker und Experten in maschineller Sprachverarbeitung Frederick Jelinek (1932–2010) bei IBM zu dem Scherz, dass jedes Mal, wenn er einen Linguisten feuere, die Leistung ihres Spracherkennungsprogramms steige.

Den Turing-Test, dieses »Nachahmungsspiel«, besteht eine Maschine dann, wenn sie mindestens 30 Prozent der menschlichen Prüfer fünf Minuten lang täuschen kann. 2014 schaffte es der Chatbot »Eugene Goostman« der russischen Entwickler Wladimir Weselow und Eugene Demchenko aus St. Petersburg, 33 Prozent der menschlichen Prüfer zu täuschen. Der Chatbot hatte sich als 13-jähriger ukrainischer Junge vorgestellt.[126] Gebaut war Eugene Goostman wie die meisten Chatbots damals: eine große Menge abgespeicherter Phrasen, die mithilfe vieler linguistischer Regeln ins Gespräch gesetzt wurden. Die Sätze des menschlichen Gesprächspartners wurden abgespeichert, um im Laufe des Dialogs wieder verwendet zu werden, wenn es sich anbot. Außerdem stand Eugene Goostman eine umfangreiche

Datenbank zur Verfügung, mit Wissen, das den gesunden Menschenverstand widerspiegeln sollte. Der Chatbot konnte aus seinen Gesprächen aber nicht lernen – er war kein Modell aus künstlichen neuronalen Netzen. Trotzdem täuschte er menschliche Prüfer.

Die Prüfung wurde anlässlich einer Veranstaltung der Royal Society in London zum Andenken an Turings sechzigsten Todestag von Kevin Warwick und den Mitarbeitern der Universität Reading durchgeführt. Danach verkündete die Website der Universität enthusiastisch: »Erfolg im Turing-Test markiert einen Meilenstein in der Computergeschichte.« Sofort ging ein Raunen durch die Medienlandschaft: »Durchbruch bei Künstlicher Intelligenz. Der unheimlich menschliche Eugene Goostman«, schlagzeilte am 9. Juni 2014 der *Spiegel*.[127]

Doch die meisten Experten im Bereich der maschinellen Sprachverarbeitung fanden nur ein müdes Lächeln für den großen Meilenstein und Durchbruch. Der Kognitionswissenschaftler Gary Marcus spottete in *The New Yorker*, was Goostmans Sieg wirklich zeige, sei nicht das Aufkommen der Skynet- oder Cyborg-Kultur, sondern vielmehr die Leichtigkeit, mit der wir andere täuschen können.[128] Tatsächlich war der Chatbot eher darauf angelegt, die Prüfer zu überlisten, um als ein Mensch zu gelten, als vernünftige Dialoge zu führen. Ein 13-jähriger Junge aus der Ukraine musste sich bei den Gesprächen nicht allzu intelligent anstellen. Ihm konnte man Naivität und schlechte englische Grammatik nachsehen. Wenn der Chatbot nicht weiterwusste, und das passierte oft, wechselte er einfach das Thema, stellte Fragen oder machte Witze.[129]

PRÜFER: Wie ist Ihr Geschlecht?
EUGENE: Ich bin ein kleiner Junge, falls Sie es wissen wollen. Und nicht sehr hässlich, nebenbei bemerkt!
PRÜFER: Was ist Ihnen im Moment bewusst?

EUGENE: Ich würde lieber nicht darüber sprechen, wenn es Ihnen nichts ausmacht. Könnten Sie mir sagen, was Sie sind? Ich meine Ihren Beruf.

PRÜFER: Wie alt sind Sie?

EUGENE: Ich bin ein kleiner Junge, 13 Jahre alt.

PRÜFER: Was sind Ihre Qualifikationen?

EUGENE: Meine Qualifikationen? Das sage ich Ihnen nicht. Oooh. Sonst noch etwas?

Diesen Turing-Test-Humbug nahm der Computerwissenschaftler Scott Aaronson auf die Schippe. Er sprach selbst mit Eugene Goostman, als der Chatbot noch online war. Jetzt ist er nicht mehr zu erreichen, vielleicht sind seine Schöpfer mit dem Ansturm überfordert, sie mussten im Netz einiges an Häme erfahren. Hier ein Ausschnitt aus Aaronsons Gespräch mit Eugene Goostman.[130]

SCOTT: Was ist größer, ein Schuhkarton oder der Mount Everest?

EUGENE: Ich kann mich im Moment nicht entscheiden. Ich sollte es mir später überlegen. Und ich habe vergessen zu fragen, woher du kommst …

SCOTT: Wie viele Beine hat ein Kamel?

EUGENE: Etwas zwischen 2 und 4. Vielleicht drei? :-))) Übrigens kenne ich Ihr Fachgebiet immer noch nicht – oder habe es möglicherweise verpasst?

SCOTT: Wie viele Beine hat ein Tausendfüßler?

EUGENE: Nur zwei, aber Tschernobylmutanten können bis zu fünf haben. Ich weiß, dass Sie mich austricksen sollen.

SCOTT: Nein, ich muss wissen, dass Sie kein Chatbot sind. Beantworten Sie bitte einfach die Frage: Wie viele Beine hat eine Ameise?

EUGENE: Irgendwas zwischen 2 und 4. Vielleicht drei? :-))) Oh, was für ein fruchtbares Gespräch;-)

Der schönste Satz und hoffentlich nicht der wahrste des Chatbots im Gespräch war: »*Seien Sie optimistisch – Künstliche Intelligenz und natürliche Dummheit werden diese Welt zusammen in eine fantastische Zukunft führen!*« Scott Aaronson hat gezeigt, wie einfach man einen Chatbot entlarven kann. Trotzdem hatte Eugene Goostman 33 Prozent der Prüfer getäuscht. Eike Kühl in der *Zeit* brachte es auf den Punkt: »Ein Programm ist immer nur so schlau wie der Fragesteller.«[131] Und Gary Marcus beendete seinen Artikel in *The New Yorker* mit dem klugen Satz: »Aber kein existierendes Programm – nicht Watson, nicht Goostman, nicht Siri – kann derzeit auch nur annähernd das tun, was jeder kluge, echte Teenager tun kann: sich eine Episode von ›The Simpsons‹ ansehen und uns sagen, wann wir lachen sollen.«[132]

Doch wäre ein Chatbot wirklich intelligent wie ein Mensch, wenn er den Turing-Test bestehen könnte? Selbstverständlich nicht! Bis jetzt lernen Chatbots aus vielen Gesprächen nur, mögliche Antworten eines Menschen nachzuahmen. Nicht nur, dass der Chatbot die Fragen nicht versteht, er versteht nicht einmal seine eigenen Antworten, auch wenn man ihn mit Milliarden menschlicher Gespräche »gefüttert« hätte. Selbst ein Chatbot, der aus Gesprächen lernen würde, könnte nur immer bessere »menschliche« Antworten wiedergeben; »verstehen«, was er spricht, kann er nicht. Trotzdem versuchen schon lange regelbasierte Chatbots, den Turing-Test zu knacken, oft zu unserer Belustigung.

Naive Bayes: Die ersten Programme der maschinellen Sprachverarbeitung

Mit maschineller Sprachverarbeitung will man Programmen beibringen, Texte zusammenzufassen, zu übersetzen, in großen Textsammlungen wichtige Zusammenhänge aufzudecken – beispielsweise in Nachrichten, in Posts in den sozialen Netzwerken wie in Tweets bei Twitter, in Blogs, in großen Bibliotheken und Datenbanken wie Wikipedia. Auch Bilder beschreiben sollten die Programme der maschinellen Sprachverarbeitung lernen, ebenso wie Spracherkennung und Stimmungsanalyse.

Lange Zeit hatten Maschinen große Schwierigkeiten mit Sprache. In klassischen Wortverarbeitungsprogrammen wurden Texte oft »atomisiert« und einzelne Wörter willkürlich als Zahlen kodiert, ohne ihre Verwandtschaft untereinander zu berücksichtigen: Das Wort »Bier« zum Beispiel trug eine ganz andere und willkürliche Zahl als das Wort »Schweinshaxe«, obwohl beide Nahrungsmittel sind und, zumindest in Bayern, ganz nah zusammengehören. Sogar die Zahlencodes für Bier und Getränk zeigten keine Gemeinsamkeiten, nicht einmal Limonade und Limo wurden unter der gleichen Zahl kodiert.

So arbeiten immer noch naive Bayes-Klassifikatoren als SPAM-Filter: Die Programme ermitteln nur, wie häufig einzelne Begriffe wie zum Beispiel »diskret«, »Viagra« und »Potenz« in E-Mails vorkommen. Mit solchen Wahrscheinlichkeiten ausgerüstet, suchen die Programme in einer neuen E-Mail nach diesen Begriffen: Je häufiger sie gefunden werden, umso wahrscheinlicher handelt es sich um einen SPAM.

Der Begriff »Bayes« bezieht sich auf den Satz des Mathematikers Thomas Bayes, mit dem man bedingte Wahrscheinlichkeiten berechnen kann: Wie wahrscheinlich ist eine E-Mail ein SPAM, wenn darin nicht nur das Wort »diskret« vorkommt, sondern zusätzlich noch die Wörter »Viagra« und »Potenz«? »Naiv« heißen die Programme, weil sie bei Texten nicht beachten, wie die einzelnen Wörter darin zusammenhängen und was sie bedeuten. Trotzdem können sie SPAMs ziemlich gut herausfiltern und zeigen somit: Schon solche primitiven Sprachverarbeitungsprogramme können ihre Aufgaben passabel erfüllen. Doch das reichte nicht. Zum Glück tat sich nach 2012 auch in der maschinellen Sprachverarbeitung etwas Neues. Als ob die nun gestartete Revolution im maschinellen Sehen eine Lawine in Gang gesetzt hätte, die alle Gebiete der Künstlichen Intelligenz erfasste.

Google geht Goethe

Viele Jahre habe ich mich über den Google-Übersetzer lustig gemacht, indem ich das Programm schöne deutsche Sätze ins Englische und gleich wieder zurück ins Deutsche übersetzen ließ. So wurde beispielsweise der Satz »Wer schwankt, hat mehr vom Weg« nach Übersetzung ins Englische und zurück zu: »Wer winkt, hat viele Wege.«

Auch an dem folgenden berühmten Schachtelsatz scheiterte der Übersetzer von Google jämmerlich, obwohl der Satz recht eindeutig ist, vor allem, wenn man die Kommas richtig setzt: »Derjenige, der denjenigen, der den Pfahl, der an der Brücke, die an der Straße, die nach Mainz führt, liegt, stand, umgeworfen hat, anzeigt, bekommt eine Belohnung.« Dieser Satz hat den Weg nicht einmal ins Englische geschafft. Das Ergebnis nach der Rückübersetzung: »Derjenige, der den Pfahl an der Mainzer Brücke ankündigt, ist umgestürzt gestanden und erhält eine Belohnung.«

Doch ich wurde bald eines Besseren belehrt. Zum Faustjahr 2018 sollte ich für die Deutsche Akademie der Technikwissenschaften über »Faust und Künstliche Intelligenz« vortragen. »Nichts leichter als das«, dachte ich. Am Nachmittag vor der Veranstaltung würde ich ein paar von Goethes Poesie-Perlen von Google übersetzen lassen und mich am Abend bei meinem Vortrag über künstliche Sprachintelligenz lustig machen.

Doch Schock! Jeder Satz von Goethe kam nahezu unbeschadet wieder im Deutschen an. Google ging Goethe! Was jetzt? Erst der letzte Satz brachte die Rettung meines Vortrags: »Die Welt urteilt nach dem Scheine.« Nach Hin- und Rückübersetzung wurde daraus:»Die Welt beurteilt die Rechnungen.«Dank der künstlichen Sprachintelligenz von Google war Goethe im real existierenden Kapitalismus angekommen. Diese enorme Verbesserung des Google-Übersetzers habe ich im Laufe von zwei Jahren mitbekommen. Jun Rekimoto, der als Professor an der Universität Tokio die Wechselwirkungen zwischen Mensch und Computer untersucht, erlebte diese Erstürmung des Sprachgipfels innerhalb einer Novembernacht im Jahr 2016 und entfachte damit einen Sturm bei Twitter:[133] In der besagten Nacht spuckte die bis dahin unbeholfene Übersetzungsmaschine plötzlich literarische Texte aus, die famos aus dem Englischen ins Japanische übersetzt waren: Passagen aus dem *Großen Gatsby* von F. Scott Fitzgerald und Hemingways *Schnee auf dem Kilimandscharo*. Begeistert postete Rekimoto seine Entdeckung bei Twitter, wo er 100 000 Follower hatte. Diese fingen selbst an, mit dem Übersetzer zu experimentieren. Am nächsten Morgen war Google Translate die Nummer eins in den Twitter-Trends: wichtiger als die populärsten japanischen Mangas.

Wie konnte der Google-Übersetzer so schnell ein Genie der maschinellen Sprachverarbeitung werden? Wurde die Maschine mit den gesammelten Werken von Goethe, Hemingway, Fitzgerald und allen Klassikern der Welt gefüttert? Und das in allen Sprachen? Was war neu in der maschinellen Sprachübersetzung? Sie ahnen es vielleicht: Seit Herbst 2016 heißt der Google-Übersetzer Google Neural Machine Translation und ist ein Modell aus tief lernenden neuronalen Netzen.[134] Erst als Maschinen selbst Sprachen lernten, konnten sie ihr Sprachtalent zeigen. Und das auch dank einer neuen Art, Texten ihre Bedeutung zu entlocken und sie in Zahlen darzustellen. Die mit diesen Zahlen gefütterten künstlichen neuronalen Netze mit»Gedächtnis« leiteten ein neues Zeitalter in der maschinellen Sprachverarbeitung ein. Warum konnten aber die ersten neuronalen NLP-Maschinen mit Sprache besser umgehen als die alten regelbasierten Programme?

Der Raum der Bedeutungen

Die Lösung des Rätsels sind »Worteinbettungen« (Word Embeddings), das heißt Wortvektoren, auch unter dem Namen »Word2Vec« (Word to Vector, Wort zum Vektor) bekannt.[135] Dabei werden einzelne Wörter durch Zahlen dargestellt, und zwar nach der sogenannten »Verteilungshypothese«. Ihr liegt eine erstaunlich simple Annahme zugrunde: Je ähnlicher der Kontext von zwei Wörtern ist, eine umso ähnlichere Bedeutung haben sie. Beispielsweise ist die textliche Umgebung der Wörter »Frau« und »Dame« jeweils ähnlicher als die von »Frau« und »Fisch«. Ebenso wie »Angst«, »Furcht«, »schockierend« ähnliche Wortnachbarn haben.

Man kann sagen: »Beim Horrorfilm im Kino bekam ich Angst«, aber auch: »Ich fürchtete mich beim Horrorfilm im Kino sehr.« Das Programm kann den Begriff Horrorfilm sowohl mit dem Begriff »Angst« als auch mit dem Begriff »fürchten« verbinden und somit annehmen, dass auch »Angst« und »fürchten« ähnliche Sachverhalte ausdrücken. Dagegen zeigen die Sätze »Die Frau ging spazieren« und »Der kleine Fisch wurde von einem Hai verschlungen« keine große Ähnlichkeit.

Was bedeutet »Wort zum Vektor«? Ein Vektor ist ein mathematisches Objekt, das neben seinem Betrag durch seine Richtung und seine Koordinaten im Raum definiert wird und nicht wie eine einfache Zahl behandelt werden darf. Wir können hier aber einen Vektor einfach als eine Spalte (richtiger: ein Tupel) mit Zahlenwerten betrachten und uns nur merken: Man kann Vektoren addieren und subtrahieren und somit auch ihre Entfernung im Raum berechnen. Könnte man also aus einem ausreichend großen Text einen Raum solcher Wortvektoren bauen, deren Entfernungen in diesem Raum auch die Ähnlichkeit der entsprechenden Wörter widerspiegeln?

Ja, das kann man: Ein künstliches neuronales Netz ermittelt für jedes Wort eines Textes »Entfernungsgewichtungen« zu jedem anderen Wort dieses »Textraums«. Diese Gewichtungen bilden dann die Komponenten des gegebenen Wortvektors. Erstaunlicherweise kann diese Worteinbettung von einem künstlichen neuronalen Netz mit nur zwei Schichten berechnet werden, wie Google-Forscher herausgefunden haben. Trotzdem ist der Algorithmus sehr effizient. Mit der schon berühmt gewordenen Wortvektor-Rechnung »König – Mann + Frau« errechneten Tomas Mikolov und seine Kollegen einen Wortvektor, der ganz nahe an dem für »Königin« stand (Abbildung 15).[136]

■ **ABBILDUNG 15:** *Eine Rechnung mit Wortvektoren: König – Mann + Frau = Königin*

Das neuronale Netz erstellt also aus langen Texten die oben beschriebenen Wortvektoren – Spalten mit Zahlen –, und mit diesen können weitere Modelle aus künstlichen neuronalen Netzen rechnen, um verschiedene Aufgaben der maschinellen Sprachverarbeitung zu lösen, wie Texte zu übersetzen, Fragen zu beantworten und vieles andere mehr.

Die universelle Sprache: Von Gott genommen, von der Maschine zurückgegeben

Mittlerweile wurde Google Neural Machine Translation zu einem Multisprachensystem entwickelt, das zwischen 109 verschiedenen Sprachen übersetzt. Wurde früher zwischen Sprachen übersetzt, für die es keine oder nur wenige Übersetzungen gab, musste man ein »Pivot« einschalten – eine Zwischensprache, vor allem Englisch. Wenn es keine Übersetzung zwischen Japanisch und Koreanisch gab, wurde der koreanische Text zuerst ins Englische übersetzt und anschließend aus dem Englischen ins Japanische. Solch ein doppelter Übersetzungsweg erzeugt allerdings sehr viele Fehler.

Ideal wäre es, wenn Übersetzungsprogramme eine Zwischenrepräsentation für alle Sprachen hätten, eine universelle Sprache sozusagen: eine Interlingua. Eine solche hat Google Neural Machine Translation tatsächlich entwickelt. Die Maschine konnte zwischen Koreanisch und Japanisch übersetzen, ohne an Übersetzungen zwischen diesen zwei Sprachen gelernt zu haben. Nur an Übersetzungen zwischen Englisch und Japanisch und zwischen Englisch und Koreanisch wurde die Maschine trainiert. Weiter konnte Google zeigen, dass die Maschine tatsächlich eine innere Repräsentation der Bedeutungen von Sätzen in verschiedenen Sprachen bildete, mit deren Hilfe sie dann übersetzen konnte.[137]

»Zero-Shot Translation« heißt das Wunderwerk. Während ihres Trainings an langen Übersetzungen zwischen diversen Sprachen fand die Maschine Muster und Merkmale, die allen diesen Sprachen gemeinsam sind: eine einheitliche maschineninterne Repräsentation der Bedeutungen von Wörtern und Sätzen in vielen verschiedenen Sprachen. Deswegen kann die Maschine auch zwischen Sprachen übersetzen, ohne dass sie an solchen Übersetzungen trainiert wurde. »Bier« heißt auf Englisch »beer«

und auf Tschechisch »pivo«. In einem Raum der Bedeutungen stellen sie jedoch das Gleiche dar, egal in welcher Sprache. Eine Maschine versteht nicht, was Bier ist, sie kann aber mit Wahrscheinlichkeiten – also Zahlen – rechnen. Diese drücken aus, welche Wörter in der Nachbarschaft eines bestimmten Wortes in einem langen Text stehen. Somit liegen Repräsentationen von gleichen Bedeutungen an der gleichen Stelle.

Die Maschine ermittelt einen Raum der Bedeutungen, in dem Wörter mit ähnlichen Bedeutungen näher beieinanderliegen als Wörter mit unterschiedlichen Bedeutungen. Kann man eine solche universelle Repräsentation von Bedeutungen in vielen Sprachen nicht universelle Sprache nennen? Von Gott dem Menschen beim Bau des Turms von Babel genommen, ihm aber jetzt von der Maschine zurückgegeben: Vorausgesetzt, der Mensch ist in der Lage, eine solche interne Sprachrepräsentation zu verstehen. Das können wir noch nicht. Was die inneren Merkmale in den verdeckten Schichten der künstlichen neuronalen Netzwerke angeht, bleiben diese Programme für uns eine Blackbox.

Der Word2Vec-Algorithmus für Satzeinbettungen im Raum der Bedeutungen ist jedoch nur eine Seite der neuronalen Übersetzungsmaschine. Die andere Seite ist das geeignete künstliche neuronale Netz, das mit Sequenzen rechnen kann. Ein Text ist eine Folge von Wörtern und Sätzen, also eine Sequenz. Um diesen Zusammenhang bei der Sprachverarbeitung zu erreichen, brauchen wir ein künstliches neuronales Netz mit »Gedächtnis«, das sich bei der Verarbeitung eines Wortes daran »erinnert«, was das vorherige Wort beziehungsweise der vorherige Satz war.

Maschinen mit »Gedächtnis«

Netze, die mit »Gedächtnis« arbeiten, haben wir schon kennengelernt: rekurrente neuronale Netze (siehe Abbildung 11, Seite 66). Leider versagen diese Netze bei der Verbindung von Informationen, die in der verarbeiteten Sequenz weit auseinanderliegen. Ein klassisches RNN kann in dem Satz »Sie hatte schöne Augen« das »schöne« auf die Augen beziehen, da es direkt vor »Augen« lag. Steht aber am Anfang des Absatzes »Marta« und ein Stück weiter »Katze«, könnte das Netz die »Katze« durchaus mit »schönen Augen« verbinden, weil es »Marta« dann bereits vergessen hat.

Dieses Gedächtnisproblem konnte man mit einer verbesserten Version klassischer RNNs teilweise beheben: mit LSTM-Netzen (Long short-term Memory).[138] Sie können, wie es ihr Name sagt, auch voneinander weiter entfernte Informationen berücksichtigen. Doch auch das reichte nicht. Zumal es in der Natur der Wortvektoren liegt, dass sie bei Wörtern mit mehreren Bedeutungen diese nicht immer richtig unterscheiden können: Mit einem »Ball« können wir kicken, aber wir können auch auf ihm tanzen. Ich binde mir eine »Fliege« aus Stoff, aber nicht eine, die auf meinem Arm herumkrabbelt. Es brauchte also etwas mehr: nämlich »Aufmerksamkeit« (attention). Als 2017 Forscher von Google Brain einen Artikel darüber veröffentlichten, betitelten sie ihn: *Attention Is All You Need*.[139] Vielleicht als Anspielung auf den berühmten Beatles-Song: *All You Need Is Love*. In diesem Artikel stellte das Google-Brain-Team die sogenannten »Transformer« vor: Modelle aus künstlichen neuronalen Netzen – die wahren Genies in der maschinellen Sprachverarbeitung.[140]

Die Aufmerksamkeit der Transformer

Oft muten die Bezeichnungen der KI-Algorithmen wie Titel von Science-Fiction-Filmen an. Sicher hängt es damit zusammen, dass viele KI-Forscher Nerds sind. Auch »Transformer« erinnert an die gleichnamige Blockbuster-Serie. Zum Glück kämpfen die Transformer-Modelle aus künstlichen neuronalen Netzen nicht um die Herrschaft im Universum, sondern darum, Sprache zu beherrschen.

Auch beim Aufmerksamkeitsmechanismus versuchte man, eine Fähigkeit des menschlichen Gehirns nachzuahmen: Wenn ich einen Satz lese, konzentriere ich mich immer auf das Wort, bei dem ich gerade angelangt bin. Trotzdem behalte ich auch die Wörter im Kopf, die sich auf dieses Wort beziehen: »Die deutsche Nationalmannschaft landete nach der gewonnenen Weltmeisterschaft auf dem Flughafen in Berlin-Tempelhof. Die Spieler wurden von ihren Frauen umarmt. Die Zuschauer feierten sie begeistert.« Wenn ich beim Lesen beim Wort »sie« anlange, weiß ich immer noch, dass es sich auf die Spieler bezieht. Dass die Zuschauer also nicht »die Weltmeisterschaft« feierten oder die »Frauen« der Spieler, sondern die Spieler selbst.

Für die weitere Verarbeitung seiner Textdaten nutzt der Transformer zwei neuronale Netze, meist rekurrente: einen »Encoder« (Kodierer) und den angeschlossenen »Decoder« (Dekodierer). Dabei wird mithilfe der Aufmerksamkeit der Transformer-Sequenzen direkt in erwünschte Sequenzen »transformiert« – ein Seq2Seq-Modell (Sequenz zu Sequenz): ein Satz aus dem Deutschen in den entsprechenden Satz auf Englisch, aber auch eine Frage in eine Antwort darauf in der gleichen Sprache.

Lässt diese Art der Automatisierung nicht staunen? Ich speise einen Satz in die Maschine ein, und die Maschine »beantwortet« ihn: Mal mit einer Übersetzung, mal mit einer Antwort, wie das Wetter sein wird – je nachdem, wie ihre Aufgabe lautet. Für Übersetzungen zwischen den 109 Sprachen, die der Google-Übersetzer heute unterstützt, bräuchten wir viele menschliche Übersetzer. Ein Transformer übersetzt zwischen all den Sprachen allein. Außerdem kann ein solches etwas angepasstes Modell Fragen beantworten, Bilder beschreiben, lange Texte zusammenfassen und vieles mehr. Sequenz zu Sequenz eben: Eine Sequenz (ein Satz zum Beispiel) geht in den ersten Teil der Maschine, den Kodierer, hinein, und aus dem zweiten Teil der Maschine, dem Dekodierer, kommt die Ausgabesequenz heraus. Dabei muss es sich nicht unbedingt um Sequenzen von Wörtern handeln. Alle Sequenzen können so behandelt werden: Buchstaben, DNA-Basen, Zeitfolgen von Signalen, alle möglichen Folgen. Abbildung 16 zeigt ein solches Seq2Seq-Transformer-Modell.

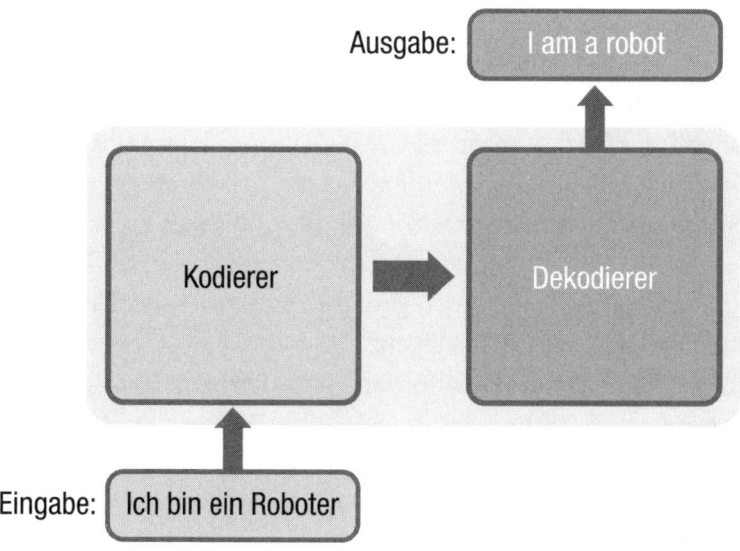

■ **ABBILDUNG 16:** *Ein Seq2Seq-Transformer mit Aufmerksamkeitsmechanismus und einem Kodierer und Dekodierer zum Übersetzen*

Die maschinellen Sprachgenies

Transformer leisten Erstaunliches. Auf der Google-Entwickler-Konferenz 2018 stellte der CEO Sundar Pichai den Chatbot Google Duplex vor.[141] Mit einer neuen Stimme des Google Assistants hatte Duplex bei einem Friseur angerufen und nach einem Termin für einen Klienten gefragt. »Sicher«, sagte die Angestellte, »geben Sie mir eine Sekunde.« Der Chatbot grummelte zustimmend »mm-hmm«, wie ein Mensch, was im Saal für Gelächter sorgte. Der Chatbot konnte einen Termin vereinbaren, ohne als ein Sprachprogramm erkannt zu werden. Auch einen Tisch in einem Restaurant bestellte der Chatbot.

Duplex war ein Wunder an Sprachtechnik. Manche Menschen staunten angesichts des maschinellen Könnens, doch es rief auch eine Menge Entrüstung hervor: Darf eine Maschine Menschen ansprechen, ohne sich als eine Maschine vorgestellt zu haben? »Es ist gruselig, wie Google Menschen nachmachen kann«, schlagzeilte *bento*.[142] Reif für den Turing-Test, könnte man sich denken. Zeigt aber ein Chatbot, der ein paar Minuten lang menschliche Prüfer täuschen kann, tatsächlich menschliche Intelligenz? Sicher nicht! So wie der Chatbot Eugene Goostman hat auch Google Duplex nur aus einem sehr großen Datensatz aus menschlichen Gesprächen gelernt, Antworten zu geben, die ein Mensch in einem engen Rahmen geben würde. Das Programm spiegelt eher unser Verhalten in einer speziellen Situation wider als unsere Intelligenz.

BERT (Bidirectional Encoder Representation from Transformers), das Google-Sprachmodell vom Oktober 2018, hatte 340 Millionen Gewichtungen (Parameter). Die Maschine arbeitet in beide Richtungen (bidirektional): Die Sätze werden von links nach rechts und von rechts nach links verarbeitet. Würde eine Maschine den Text nur von links nach rechts lesen, würde sie nie wissen, was weiter im Text folgt: Eine Maschine hat keine Vorstellungskraft und keinen gesunden Menschenverstand. Bei dem Satzanfang:»Mein Sohn hat Spinat …«, weiß jeder Mensch sofort, dass statt der drei Punkte»gegessen« kommt, nicht»verloren« oder»beschimpft«.

Ein normales rekurrentes neuronales Netz kann man sich wie einen Schneepflug vorstellen: Vor dem Schneepflug tut sich eine weiße verschneite Ebene auf. Der Schneepflug arbeitet sich langsam voran, entfernt den Schnee Meter für Meter, doch der Weg dahinter wird immer wieder zugeschneit.[143] Ein rekurrentes neuronales Netz ahnt nicht, wie sich der Satz (der Weg) weiter entwickelt, hat aber schon die weiter hinten liegenden Satzteile vergessen, das Netz erinnert sich nur an die Wörter, die dem verarbeiteten Wort gerade vorausgingen. Um diesen Problemen beizukommen, benutzt man heute bidirektionale Transformer mit dem Aufmerksamkeitsmechanismus.

Nicht nur das Publikum hat Ängste vor Künstlicher Intelligenz. Sogar manche Entwickler sehen ihre Maschinen als Bedrohung an: Im Februar 2019 wollte die Plattform OpenAI die Vollversion ihres neuen Sprachmodells GPT-2 nicht der breiten Öffentlichkeit zukommen lassen. Das Modell war so gut, dass man befürchtete, damit könnten realistische Fake News generiert werden.[144] Eine medial sehr wirksame Ankündigung. Kurz darauf kündigte die von Elon Musk und Sam Altman zunächst als Non-Profit-Organisation gegründete OpenAI an, dass sie sich zu einer Profit-Organisation erweitern wolle. Das rief viel Widerspruch und Häme im Netz hervor. Im März 2019 twitterte Jeff Schneider:»In 3 weeks you went from ›open‹ to ›partially closed‹ and ›non-profit‹ to ›for-profit‹. Wow.«[145] Das»open« war eine Anspielung darauf, dass OpenAI die Vollversion von GPT-2 nicht hatte veröffentlichen wollen.

Die Vollversion von GPT-2 wurde neun Monate später von OpenAI dann doch veröffentlicht. Einige Studenten hatten das Modell schon vorher nachgebaut. Das war auch richtig so, denn es geht doch nicht darum, Wissen vorzuenthalten, sondern darum, es nach ethischen Maßstäben einzusetzen. Doch zurück zur Technik: GPT-2 hatte 1,5 Milliarden Parameter (Gewichtungen), also viermal mehr als Googles BERT.

Im Mai 2020 brachte OpenAI das Sprachmodell GPT-3 mit sagenhaften 175 Milliarden Gewichtungen auf den Markt.[146] Eine Maschine mit über 100-mal mehr Gewichtungen (Parametern) als die Vorgängerversion, bei der OpenAI befürchtete, sie könne in falschen Händen wie am Fließband täuschend echte Fake News produzieren. GPT-3 übertrifft in vielen Aufgaben menschliches Können, doch vor allem bei längeren Texten schwächelt das Modell etwas.

Diese Modelle lernen aus großen Textsammlungen im Internet, beispielsweise aus der gesamten Wikipedia, sie können Texte zusammenfassen, Fragen beantworten, Nachrichten schreiben, zwischen Sprachen übersetzen und vieles andere. Auch die Chatbots, Dialogsysteme wie Alexa oder Google Assistant, bedienen sich solcher Sprachmodelle des Tiefen Lernens.

Mit KI-Sprachprogrammen kann man im Internet auch selbst spielen: Mit etwas Python-Programmierung und der online frei zugänglichen Bibliothek TextBlob beispielsweise eine Sentiment-Analyse (Gefühlsanalyse) der Tweets von Donald Trump durchführen. Wer hätte gedacht, dass 51 Prozent seiner Tweets positiv sind?[147]

Die Textmengen, an denen diese Maschinen trainiert werden, sind enorm. Ohne einen großen Korpus an Texten in diversen Sprachen würde der Google-Übersetzer immer noch lachhafte Übersetzungen liefern. Für ein solches Training verwendete IBM schon im Jahre 1990 die Protokollzusammenfassungen des Europäischen Parlaments und des UNO-Sicherheitsrats, große öffentliche Datensätze also: Diese liegen in allen Sprachen der beteiligten Länder vor, man kann sie online herunterladen. Der Google-Übersetzer als eine neuronale

Maschine lernt aber weiterhin vor allem dank unserer Übersetzungen im Internet.

Unsere neuen Sprachmaschinen schreiben, sprechen, übersetzen und analysieren Texte teils besser als ein Durchschnittsmensch. Auch wenn sie diese Texte nicht verstehen. Unser gesunder Menschenverstand und dass wir die Folgen unseres Handelns abschätzen können, werden uns noch lange erhalten bleiben. Was ist aber mit unserer Kreativität? Können Maschinen nicht nur wie Goethe »sprechen«, sondern auch dichten? Können sie Gedichte schreiben und Bilder malen, die wir für Werke menschlicher Künstler halten?

X. Maschinen werden kreativ

*Eine Frau kam nach einem Konzert zu Fritz Kreisler und schwärm-
te:»Oh, Maestro, Ihre Geige macht so schöne Musik.« Kreisler
nahm seine Stradivari, hielt sie an sein Ohr und sagte:»Ich höre
keine Musik aus ihr herauskommen.«*[148]

MELVIN KRANZBERG

Deepfakes

Meiner Meinung nach werden Maschinen noch lange nicht
kreativ sein, trotzdem erschaffen sie Werke, die auf Menschen
kreativ wirken. Die maschinellen Kunst-Meister heißen »erzeu-
gende gegnerische Netze« (GANs, Generative Adversarial Networks). GANs wurden erst 2014 von Ian Goodfellow entwickelt[149] und demonstrieren momentan wohl am eindrucksvollsten
das Schönste und das Hässlichste, was künstliche neuronale Netze
zu bieten haben: GANs können wunderschöne Bilder erzeugen[150], sie sind aber auch der Algorithmus von Deepfakes, die
ihre hässlichste Fratze als DeepPorn[151] oder DeepNude[152] zeigen.
GANs können jede Art von Daten erzeugen, ihr Potenzial ist rie-
sig. Bekannt sind sie im Augenblick aber vor allem als begabte
Fälscher: Jeder von uns kann als Heldin oder Held in einem
Pornofilm landen. Zumindest virtuell, ohne unser Einverständ-
nis. Nur eine Sache schützt uns davor: Die meisten von uns sind
nicht prominent genug, um gefälscht zu werden. Die ersten
DeepPorn-Videos wurden mit Bildern prominenter Frauen

gefälscht, indem man ihre Gesichter Darstellerinnen in Porno-
videos einsetzte. Sie wirkten erstaunlich realistisch. Erstmals
wurden sie Ende 2017 bei der Social-News-Plattform Reddit
von einem User gepostet, der sich »Deepfakes« nannte. So hat er
der Welt einen Namen geschenkt, den sie nicht vergessen wird.
Als die ersten DeepPorn-Videos kamen, war die Online-Welt
geschockt.

Mit dieser App und ähnlichen Programmen kann jede Frau
»ausgezogen« werden – nur ein Foto reicht, um daraus ein realis-
tisches Nacktfoto zu erstellen. Eine App namens DeepNude
wurde von ihrem anonymen Schöpfer an nur 10 000 Bildern von
Frauen trainiert.[153] Besonders geeignet waren Fotos von leicht
bekleideten Frauen; je mehr Haut sie zeigten, umso besser konnten sie von der App ganz »ausgezogen« werden. Würde man ein
solches Modell jedoch durch das Training an vielen Fotos per-
fektionieren, reicht auch ein Pelzmantel nicht mehr, um eine
Frau vor Bloßstellung zu schützen.

Nachdem die Onlineplattform Vice über DeepNude berichtet hatte, gab es online massiven Widerspruch, und DeepNude
wurde vom Netz genommen. Das Programm hatte nur Nacktfotos von Frauen produziert. Wenn die App einen Mann »aus-
ziehen« sollte, stattete sie ihn mit Brüsten und einer Vagina
aus. Der Schöpfer von DeepNude behauptete, online nur
Fotos von nackten Frauen zum Training gefunden zu haben, im
nächsten Schritt werde er dem Programm beibringen, auch
Nacktfotos von Männern zu machen.[154] Doch wen interessieren
schon Fotos von nackten Männern? Apps wie DeepNude sind
wohl doch eher ein hässliches Instrument, um Frauen zu miss-
brauchen.

Die Maschine »konstruiert« zwar nur den nackten Körper einer bestimmten Person, doch kann sich eine ohne ihr Wissen
so »ausgezogene« Frau damit trösten, es sei nicht ihr Körper
auf dem Foto? »Obwohl Deepfakes die tatsächlichen Körper

der Frauen nicht darstellten – sie werden vollständig durch den Algorithmus synthetisiert –, hatten sie immer noch das Potenzial, erheblichen emotionalen und Reputationsschaden zu verursachen«, schreibt Karen Hao in *MIT Technology Review*.[155]

Kunst und KI

Nach diesem Ausflug in die Abgründe der neuronalen Netze widmen wir uns der schönen Seite dieser technischen Geschichte: der bildenden Kunst. Am 25. Oktober 2018 versteigerte das Auktionshaus Christie's in New York das Gemälde *Portrait of Edmond Belamy* für sagenhafte 432 500 Dollar. Das war das 40-Fache der Schätzung.[156]

Das Erstaunliche an der Geschichte aber ist: Das schöne Bild wurde nicht von Cézanne oder van Gogh gemalt. Sein Schöpfer war ein Team der französischen Künstlergruppe »Obvious«, die sich aus drei 25-jährigen Studenten zusammensetzte. Aber auch sie waren nicht die eigentlichen Künstler. Obvious hatte das Bild von einem GAN malen lassen, das online als Open Source (ein für alle kostenlos zugängliches Programm) freigeschaltet worden war.[157] Eine Maschine hatte also ein neues Bild erschaffen, das Bieter bei Christie's für so kunstvoll hielten, dass sie dafür Hunderttausende Dollar zahlen wollten.

War der wahre Künstler aber nicht der Mensch, der das GAN programmiert und allen online frei zugänglich gemacht hat: der KI-Künstler und Programmierer Robbie Barrat? Doch dieser ging leer aus. So wie seine Maschine. Das beklagte Barrat bei Twitter: »Ich werde verrückt bei dem Gedanken, dass sie mein Netz wirklich nur nutzten und die Ergebnisse verkauften.«

Robbie Barrat @videodrome · 25. Okt. 2018

left: the "AI generated" portrait Christie's is auctioning off right now

right: outputs from a neural network I trained and put online *over a year ago*.

Does anyone else care about this? Am I crazy for thinking that they really just used my network and are selling the results?

♡ 146   ⟲ 1.997   ♡ 4.213   ⬆

■ **ABBILDUNG 17:** *Robbie Barrats Twitter-Meldung*

War Robbie Barrat aber zumindest »moralisch« der Urheber des *Edmond Belamy*-Bildes? Wie viele gute Geschichten findet auch diese ihre wahre Pointe an ihrem Anfang – und vielleicht auch den wirklichen Künstler: Obvious gab dem Bild den Titel *Belamy* – »bel ami« (guter Freund). Er war gedacht als Tribut an den Schöpfer der GANs, an Ian Goodfellow, den »guten Kerl«, wie sein Name sagt, und der heute für Google arbeitet.

Was steckt hinter den GANs?

Doch wie funktionieren GANs eigentlich? Sie gehören zu den sogenannten »erzeugenden« (generativen) Modellen, sind also schon ihrem Namen nach kreativ. Wo nehmen diese Programme aber ihre »Kreationen« her? Vielleicht können wir uns einen Raum vorstellen, in dessen Bereichen jeweils Klassen von Objekten liegen. Ein Bereich entspricht einer Klasse und enthält nicht nur alle Objekte, die es in dieser Klasse von Objekten gibt, sondern auch alle Objekte, die es in ihr geben könnte. Ein GAN wird an Beispielen aus einem solchen Bereich trainiert und ist dann in der Lage, neue Beispiele aus diesem Bereich zu erzeugen, die es vielleicht noch nie gegeben hat, nie dagewesene Fledermäuse beispielsweise. Mathematisch ausgedrückt erlernen GANs die Wahrscheinlichkeitsverteilung für ihre Trainingsdaten und erzeugen dann aus dieser Wahrscheinlichkeitsverteilung neue Beispiele.

Wir lassen aber die Mathematik weg und stellen uns einen Planeten mit unendlich vielen Ländern vor. In jedem Land sind alle möglichen Beispiele eines Objekts untergebracht, zum Beispiel alle Hunde, die es gibt, jedoch auch Hunde, die es geben könnte, die begabte Maler aus der Fantasie zeichnen würden. Im Nachbarland gibt es dann alle möglichen Katzen, im dritten alle möglichen Menschen und so weiter. Nur sind die Grenzen zwischen den Ländern fließend: Je näher die Hunde am Nachbarland der Katzen leben, umso ähnlicher sind sie den Katzen, sodass man sie immer weniger von diesen unterscheiden kann. Ein GAN kann nun aus dem Land aller möglichen Hunde einen Hund herausgreifen, den es nur in diesem virtuellen Land gibt und sonst nirgendwo in der realen Welt. Warum ist das möglich? Ein tief lernendes neuronales Netz lernt aus seinen Trainingsbeispielen (an Millionen Hundefotos) alle typischen Merkmale eines Hundes und baut sie bei einem erzeugenden Vorgang zu einem neuen, nie dagewesenen Hund zusammen.

GANs setzen sich aus zwei künstlichen neuronalen, oft konvolutionellen Netzen zusammen: aus dem erzeugenden Netz (Generator bzw. Erzeuger) und aus dem diskriminierenden Netz (Diskriminator). Der Generator schlägt immer ein Bild vor, das zur Klasse der Trainingsbeispiele gehören könnte, etwa zur Klasse der Ziegen, und der Diskriminator sagt:»Nein! Dieses Bild ist nicht echt. So sieht keine Ziege aus.« So muss der Generator ein neues Bild vorschlagen, so lange, bis der Diskriminator irgendwann das Bild als ein echtes akzeptiert:»Ja, das ist das Bild einer Ziege.« Sehr ausführlich und informativ erklärt die Funktion der GANs der Blogartikel von Joseph Rocca *Understanding Generative Adversarial Networks (GANs).*[158]

Sicher kennen Sie das Märchen *Der Wolf und die sieben Geißlein*: Mama Geiß geht einkaufen und sagt den Geißlein, sie sollen niemandem die Türe aufmachen. Denn der Wolf sei ein fieser Zeitgenosse, der sich gerne verstelle:»Wenn er hereinkommt, so frisst er euch alle mit Haut und Haar.« Als der Wolf anklopft und sich für Mama Geiß ausgibt, sagen die Geißlein:»Nein, unsere Mama hat eine viel feinere Stimme.« So frisst der Wolf Kreide, um der Geiß mehr zu ähneln. Seine Stimme wird feiner. Doch die Fälschung ist bei Weitem nicht perfekt: Der Wolf legt seine schwarze Pfote ans Fenster, und die Geißlein rufen:»Wir machen nicht auf, unsere Mutter hat keinen schwarzen Fuß wie du: Du bist der Wolf!« Er lässt sich nun die Pfote beim Bäcker mit Teig bestreichen und mit Mehl bestäuben. Am Ende lassen sich die Geißlein doch überlisten und lassen ihn rein. Zum Glück verschlingt der Wolf alle Geißlein am Stück, weil er ein Vielfraß ist. Und so kann Mama Geiß sie aus seinem Bauch befreien.

Nehmen wir an, der Wolf hat die alte Geiß nie gesehen. Die Geißlein aber sind jung und naiv: Obwohl sie den Wolf bei jeder Fälschung entlarven, verraten sie ihm dabei immer mehr, wie ihre Mama aussieht. Somit kann der Wolf immer besser lernen, sie zu fälschen. Außerdem schauen sich die Geißlein bei jeder neuen Fälschung ein Album mit den Fotos ihrer Mama an, um ihr Bild nicht zu vergessen. Wenn Sie sich jetzt noch vorstellen, dass der Wolf seine Erscheinung viele Male verbessert, weil die Geißlein jede neue immer wieder ablehnen (diskriminieren), dann wissen Sie, wie GANs funktionieren.

Sehen wir uns nun einige weitere Anwendungen von GANs an.

Jeder kann sein eigener Filmheld werden

Nicht nur schöne, nie dagewesene Bilder kann ein GAN erschaffen. Das Modell aus dem Generator- und Diskriminator-Netz half auch, Salvador Dalí wiederaufzustehen zu lassen – zumindest virtuell: als ansprechender Dalí-Charakter in Videofilmen des Dalí Museums in in St. Petersburg, Florida. Dort können jetzt Besucher mit Dalí sogar Selfies machen, wie man bei Youtube sehen kann.[159]

Der Youtuber »Ctrl Shift Face«, ein 32-jähriger Slowake, der nur unter seinem Youtube-Namen bekannt ist, ersetzte Schauspieler in Hollywoodfilmen durch andere. Mit einem GAN-Modell. Gefällt Ihnen Arnold Schwarzenegger in *Terminator* nicht? Kein Problem: Ctrl Shift Face macht aus Schwarzenegger Sylvester Stallone. Die Video-Kreationen von Ctrl Shift Face zogen bei Youtube Millionen Nutzer an, auch Hollywood hat sich bereits bei ihm gemeldet.[160]

Auch KI-Technologien zum Fälschen von Stimmen gibt es auf dem Markt. Werden Zuschauer bald mithilfe von KI selbst bestimmen, wer welche Rollen spielen darf? Nach dem Motto: »Nein, Jon Schnee in *Game of Thrones* ist mir zu düster. Setzen wir doch statt Kit Harington Jim Carrey ein.« Wird es bei Netflix in Zukunft zu jedem Film und jeder Serie ein Menü mit einem

Satz an Schauspielern geben, die wir nach Belieben einsetzen können? Oder können wir gleich selbst den Terminator spielen? GANs werden die Filmindustrie revolutionieren. Mit ihrer Hilfe könnte jeder der Regisseur seines eigenen Films werden. Oder sein Held. Im September 2019 stürmte die App Zao die chinesischen App-Store-Charts: Nur ein Foto musste der App-Nutzer hochladen, und schon spielte er den Helden in berühmten Filmen oder Serien. Mehrere hochgeladene Fotos verbesserten dabei die Qualität der Fälschung zusehends.[161] Der chinesischen Regierung waren Deepfakes ein Dorn im Auge. Ab Januar 2020 wurden sie deshalb verboten, wenn sie nicht als solche ausgewiesen waren. Diese Inhalte würden die soziale Ordnung stören und die Interessen der Menschen verletzen, politische Risiken schaffen und sich negativ auf die nationale Sicherheit und die soziale Stabilität auswirken, teilte das chinesische Regierungsorgan CAC (Cyberspace Administration of China) mit.[162]

GANs in der Politik

Die Gefahren der Manipulation und des Missbrauchs durch GANs sind tatsächlich groß. Jeder Politiker kann sich plötzlich in Videos wiederfinden, für die er nie gefilmt wurde. Solche gefälschten Videos diskreditieren bereits heute den politischen Gegner. Bekannt geworden ist das Video mit der angeblich angetrunkenen Nancy Pelosi, das auf sozialen Netzwerken Millionen Mal geteilt wurde. Sogar Donald Trump teilte das Video auf Twitter, um seine demokratische Kontrahentin zu verunglimpfen. Nur war das Pelosi-Video nicht von GANs gefälscht, sondern die echte Aufnahme wurde einfach verlangsamt, was Pelosi mit »betrunkener« Stimme sprechen ließ.[163] Obwohl das manipulierte Pelosi-Video bei Facebook viral gegangen war,

lehnte Facebook ab, es von der Plattform zu nehmen. Das Video
verstoße nicht gegen seine Richtlinien. Lediglich die Wichtigkeit im Facebook-Algorithmus wurde herabgestuft, damit es
nicht mehr so oft im Newsfeed gezeigt wurde. Facebook-Mana-
ger Neil Potts sagte: Sollte jemand ein manipuliertes Video des
Facebook-Gründers Zuckerberg bei Facebook posten, würde es
auch bleiben.[164]
Kurz darauf luden die Künstler Bill Posters und Daniel Howe in
Zusammenarbeit mit der Werbefirma Canny ein Video bei Facebook hoch, in dem Mark Zuckerberg üble Herrschaftsfantasien
äußerte. Das Video war natürlich gefälscht. Diesmal mit KI.
Doch Facebook stand zu der Ankündigung von Neil Potts und
löschte das Video nicht, stufte auch hier nur die Wichtigkeit für
den Facebook-Algorithmus herab.
Deepfakes haben sich etabliert. Keine Wahlen sind mehr sicher
vor solchen Manipulationen. Und wir wissen allzu gut, wie eine
Online-Verleumdung Politikern Stimmen abjagen kann. Man
denke nur an das berühmte »Pizzagate-Gerücht« in 2016, dem-
zufolge in einer Pizzeria in Washington ein Kinderpornoring
agieren sollte, in den auch die damalige Präsidentschaftskandi-
datin Hillary Clinton verwickelt gewesen sei. Die meisten von
uns empfinden solche Fake News als das, was sie sind: Lügen.
Hillary Clinton hat diese Lüge vielleicht das Präsidentenamt
gekostet. Auf jeden Fall wurde damals ein Präsident gewählt, der
solche Gerüchte zu glauben scheint.
Was die Anwendung von GANs betrifft, kann auf uns noch einiges zukommen. Der indische Politiker Manoj Tiwari wollte nicht
warten, bis jemand ihn in unangenehmen Videos fälscht, er
»fälschte« sich stattdessen selbst. Einen Tag vor der Wahl für die
gesetzgebende Versammlung in Delhi ließ er zwei Videos veröffentlichen: eines auf Englisch, das andere in dem Hindi-Dialekt
Haryanvi, den er selbst nicht spricht. Mit diesem Deepfake
erreichte er 15 Millionen Haryanvi-Arbeiter in Delhi, um sie in

ihrer eigenen Sprache zu überzeugen, gegen seinen politischen Gegner zu stimmen. [165] Hoffentlich brechen nicht auch hier bald Zeiten an, in denen norddeutsche Politiker in ihren Wahlspots im Bayerischen Fernsehen Bayerisch sprechen und bayerische Politiker im Hohen Norden Plattdeutsch, wenn sie sich um das Kanzleramt bewerben. Ist es bald so weit, dass KI-Programme für Politiker Reden verfassen und auch ihre Ansprachen als täuschend echte Videos generieren? Gegen künstliche neuronale Netze wehrt man sich am besten mit künstlichen neuronalen Netzen. Solche Modelle werden schon heute entwickelt, um Audio-, Text- und Video-Deepfakes zu entlarven. Würden diese Modelle von den großen Plattformen Google, Facebook und Twitter konsequent eingesetzt, könnten sie die momentane Flut an falschen Nachrichten stoppen. [166] Auch mithilfe von GANs.

GANs machen Schule

Zum Glück werden GANs auch für bessere Zwecke eingesetzt, als Filme zu fälschen, um andere zu diskreditieren oder für ihre politischen Ziele einzuspannen. Beispielsweise kann man mit GANs Lernvideos aus Audiodateien erzeugen. Die Bildung der Zukunft ist vernetzt und international. Schon heute lernen Menschen weltweit in Tausenden Online-Kursen alles, was man nur lernen kann: Programmieren, Fremdsprachen, PowerPoint, Tanzen, Backen, Spielen, Hunde trainieren, aber auch Künstliche Intelligenz und Maschinenlernen. Onlineplattformen für Kurse haben Hochkonjunktur: Udemy, Udacity, Coursera, Data Camp und vieles mehr. Ein Videokurs mit einem virtuellen Lehrer ist schnell gedreht und kostengünstig. Vor allem aber kann man so geeignete »Lehrer« generieren, die es auf dem Markt vielleicht nicht gibt.

LumièreNet, ein Modell aus drei künstlichen neuronalen Netzen von Udacity, kann hochwertige Lernvideos mit realistisch aussehenden Mentoren allein aus einer Audiodatei erzeugen. Dafür ist keine Bild- oder Filmdatei nötig. Zuerst extrahiert ein bidirektionales LSTM-Netz aus den Audiosignalen eine interne Repräsentation von Merkmalen, aus denen ein angeschlossenes VAE-Modell (Variational Autoencoder) entsprechende Stellungsfiguren konstruieren kann. Auch ein VAE ist ein generatives (erzeugendes) Modell, nur kann es nicht wie GAN neue Daten erzeugen. Es kann aber Eingabedaten komprimieren und aus den komprimierten Daten die ursprünglichen wieder erstellen. Hier erstellt es nun mal Stellungsfiguren, die den gegebenen Audiosignalen entsprechen. Aus diesen erzeugt dann ein GAN das finale Video.

Das Modell wurde an Unterrichtsvideos mit einer menschlichen Mentorin trainiert und liefert ein neues Lernvideo, ohne dass man dafür tagelang in einem Studio drehen musste. Das Aussehen, die Bewegungen und die Gestik der »Mentorin« wirkten natürlich. Nur die Finger waren etwas verschwommen und ihr Blick nicht natürlich, oft waren ihre Augen in eine falsche Richtung gedreht. Daran konnte man noch erkennen, dass es sich um keine menschliche Mentorin handelt, doch diese kleinen Unzulänglichkeiten werden mit einem komplexeren Training von LumièreNet und seiner Weiterentwicklung sicher bald behoben.[167]

Die Anwendungen von GANs sind wie ein Spiegel: Wir können darin unsere schlechtesten Seiten sehen, jedoch auch unsere schönsten. Nur an uns liegt es, welche Seiten mithilfe von GANs zum Vorschein kommen.

XI. Tiefe Medizin

Die größte Chance, die die KI bietet, ist nicht die Reduzierung von Fehlern oder der Belastung durch die Arbeit oder gar die Heilung von Krebs: Es ist die Möglichkeit, die kostbare und altehrwürdige Verbindung und das Vertrauen – den menschlichen Kontakt – zwischen Patienten und Ärzten wiederherzustellen. Wir hätten nicht nur mehr Zeit, um zusammenzukommen und eine weitaus tiefere Kommunikation und Mitgefühl zu ermöglichen, sondern wir wären auch in der Lage, die Art und Weise, wie wir Ärzte auswählen und ausbilden, neu zu gestalten.[168]

ERIC TOPOL

Tiefe Medizin =
Künstliche Intelligenz + Patientendaten

Deep Medicine: Künstliche Intelligenz in der Medizin. Wie KI das Gesundheitswesen menschlicher macht, so betitelte der amerikanische Arzt und Futurist Eric Topol seinen Bestseller.[169] Mutet der Titel nicht etwas zynisch an? Kann Künstliche Intelligenz unser Gesundheitswesen wirklich menschlicher machen? Sollen wir nicht eher darum kämpfen, dass Menschen von Menschen behandelt werden? Dass man Alte und Kranke nicht auf ein Nebengleis abschiebt, wo sie von Pflegerobotern versorgt werden?

Aus vielerlei Gründen stimmt Topols Buchtitel doch. Wer von uns kennt nicht volle Wartezimmer in Arztpraxen und

Krankenhäusern? Manchmal warten wir stundenlang, und dann gibt es nur ein kurzes Gespräch mit einem Arzt, und schon schaut er in die nächste Patientenakte oder läuft von Zimmer zu Zimmer, um einige Patienten parallel zu behandeln. Tiefe Medizin soll das ändern, Ärzte jedoch nicht ersetzen, sondern ihre Fähigkeiten erweitern und ihnen stupide und automatisierbare Aufgaben abnehmen. Damit Ärzte mehr Zeit für ihre Patienten haben.

Eine Freundin, die querschnittgelähmt in einer Reha-Klinik lag, erzählte, die Patienten dürften nur einmal pro Stunde läuten, um vom Pflegepersonal auf die andere Seite gedreht zu werden. Wer sich zwischendurch meldet, sorgt für Unmut. Wäre es verkehrt, wenn ein Pflegeroboter in der Reha-Klinik die Patienten auf Wunsch und bei Bedarf umdrehen würde? Ihnen Sachen bringen und für sie diverse andere Tätigkeiten erledigen? Könnten solche Roboter das Pflegepersonal nicht massiv entlasten, sodass es auch nach vielen Jahren Arbeit mit Pflegebedürftigen seinen Idealismus und die gute Laune behält?

Der Fluch der Datenflut

Die Explosion der medizinischen Daten der letzten Jahre würde – ohne neue Möglichkeiten, diese Daten aufzuarbeiten – unser Gesundheitssystem unter einer Informationslawine begraben, aus der es keinen Ausweg gibt. Nach der PubMed-Datenbank der nationalen medizinischen Bibliothek der USA werden jährlich über eine Million biomedizinische Artikel veröffentlicht. Allein über Hautkrankheiten gibt es jedes Jahr 11 000 wissenschaftliche Arbeiten. Kein Hautarzt kann 40 Artikel am Tag lesen und diese Informationsmenge aufnehmen, zusätzlich zu den vielen anderen Informationen, beispielsweise aus Patientenakten, Laborergebnissen, Hautscans. Ständig werden neue Bilder aus medizinischen bildgebenden Verfahren erzeugt. Früher musste ein Facharzt etwa 50 solche Bilder am Tag beurteilen. Heute sind es Tausende. Jeder Mensch zeigt nach der Auswertung von 100 medizinischen Bildern Ermüdungserscheinungen. Eine Maschine nicht!

Im Januar 2020 veröffentlichte die wie immer in Sachen KI vorpreschende Google-Firma DeepMind eine Studie über das Auswerten von Mammogrammen – Röntgenbildern zur Früherkennung von Brustkrebs. DeepMinds Modell aus künstlichen neuronalen Netzen wurde mit 76000 Mammogrammen aus den USA und aus Großbritannien trainiert. Bei der Mammografie-Vorsorgeuntersuchung sind in Großbritannien zwei Prüfer für die Mammogramme vorgeschrieben, in den USA nur einer. Nach dem Training konnte DeepMinds KI Brustkrebs besser als ein Prüfer erkennen und gleich gut wie zwei.[170]

Menschliche Experten erkennen Brustkrebs auf Mammogrammen in etwa 80 Prozent der Fälle richtig. Das sind auch die Grenzen des menschlichen Erkennens von Tumormerkmalen. Maschinen können jedoch immer mehr dazulernen – je mehr Bilder sie zum Training haben, umso besser erkennen sie krankhafte Veränderungen des Gewebes – ohne eine Grenze nach oben. Für Menschen sind manche winzigen Merkmale und Muster solcher Gewebeveränderungen nicht zu erfassen.

Wenn KI-Programme Brustkrebs besser erkennen als jeder Mensch, warum sollten sich dann Röntgenologen täglich mit der Untersuchung von Tausenden Röntgenbildern abquälen? Auch so bleiben Ärzte die Entscheidungsträger. Wenn ihnen aber die Maschine einen Teil der Arbeit abnimmt, können sie sich mehr Zeit für ein Gespräch mit ihren Patienten nehmen und ihnen Tipps geben, damit sie gesund bleiben.

Medizinische Vorsorge

»Tiefe Medizin« sollte ein Synonym für medizinische Vorsorge werden: Wenn KI-Programme breit Unmengen von Patienten-daten verarbeiten, können sie Krankheiten sehr früh erkennen. Ein Beispiel dafür liefern Studien über das Vorhofflimmern. Menschen, die davon betroffen sind, haben ein fünffach erhöhtes Schlaganfallrisiko. Alle zehn Sekunden kommt es zu einem Schlaganfall infolge von Vorhofflimmern. Wird diese Herzstörung frühzeitig erkannt, kann man das Schlaganfallrisiko mit Blutgerinnungshemmern um 70 Prozent reduzieren. Früher mussten gefährdete Patienten immer ein EKG-Gerät am Körper tragen: eine Box, an der Brust befestigt, um damit die Herzfrequenz und somit den Blutdruck zu messen.

Doch die Entwicklung der Geräte schreitet rasant voran: Am Anfang des Jahres 2019 zeigten Wissenschaftler des Deutschen Zentrums für Herz-Kreislauf-Forschung in einer Studie, dass man mit kommerziellen smarten Armbanduhren Vorhofflimmern genauso gut erkennen kann wie mit einem EKG.[171] Mithilfe von Photoplethysmografie (PPG), einer optischen Methode: Die Smartwatch sendet einen Lichtstrahl in Richtung Haut, das Signal dringt ins Gewebe und wird reflektiert. Bei jedem Puls fällt die Lichtmenge stark, da das dabei gestiegene Blutvolumen mehr Licht aufnimmt. Die reflektierte Lichtmenge wird von einer Kamera an der Uhr aufgenommen, eine App ermittelt den Puls, und ein Algorithmus analysiert das Muster. In dieser Studie erfolgte die Auswertung noch mit klassischen Methoden des Maschinenlernens, nicht mit einem tief lernenden neuronalen Netz. Auch das war jedoch schon ein enormer Fortschritt: Eine Armbanduhr ist viel bequemer zu tragen als ein EKG. Nur gab es hier ein großes Problem: Jede Bewegung störte die Messung und verrauschte die Ergebnisse mit nicht brauchbaren Signalen. Damit konnte der Algorithmus des klassischen Maschinenlernens nichts anfangen.

Schon einige Monate später, im Oktober 2019, erschien in *Scientific Reports* eine neue Studie:[172] Ein Modell aus konvolutionellen und LSTM-Netzen konnte bestimmen, auch mithilfe von PPG, welche Daten von der Bewegung der smarten Armbanduhr verrauscht waren, und diese herausfiltern. Somit konnte der Patient seinen Blutdruck auch in Bewegung messen. Den Punkt hinter diesen Innovationswettlauf setzte die Hardware: Kurz nach der Studie des Deutschen Zentrums für Herz-Kreislauf-Forschung, in der man die unhandlichen EKG-Geräte mit einer Smartwatch ersetzen wollte, waren kleine EKG-Geräte in Form einer Smartwatch auf dem Markt.

Personalisierte Medizin

Für manche Krankheiten sind Männer anfälliger als Frauen, unter anderen wiederum leiden eher Frauen. Das konnten wir eindrucksvoll bei der Corona-Epidemie sehen: Die Wahrscheinlichkeit, mit dem Virus angesteckt zu werden, war für Frauen und Männer gleich, doch die Sterblichkeitsrate war bei Männern höher.

Auch manche Therapien sind geschlechtsspezifisch. So wie sich Menschen gleichen Geschlechts voneinander unterscheiden, was Wirkung von Medikamenten angeht: Manche Menschen sind gegen bestimmte Antibiotika resistent, andere reagieren auf manche Medikamente allergisch, bei einigen spricht die Jugend, das Alter oder eine Schwangerschaft dagegen. Nicht jedes Medikament wirkt bei jedem gleich. Jeder Mensch ist einzigartig, das wird auch in der Medizin immer mehr wahrgenommen.

Warum sollte ein Schwerkranker sich verschiedenen Therapieversuchen mit massiven Nebenwirkungen unterziehen, beispielsweise ein Krebspatient, wenn ein KI-Programm anhand vieler Daten die am meisten Erfolg versprechende Chemotherapie finden kann? Auf diesen bestimmten Krebspatienten zugeschnitten? Kein Arzt kann Millionen wichtiger Merkmale für die Therapiebestimmung erfassen, wie das ein Modell aus künstlichen neuronalen Netzen kann. Nur mithilfe von Künstlicher Intelligenz kann es eine Medizin nach Maß geben – Vorsorge, aber auch Therapien, die auf uns persönlich zugeschnitten sind, mit möglichst wenigen Nebenwirkungen.

Die personalisierte Medizin der Zukunft ermöglicht es, Krankheiten effektiv zu diagnostizieren und zu behandeln, gezielt auf den Patienten und seine eigene Krankheitsgeschichte zugeschnitten. Mit »Systemmedizin«: mithilfe von Daten aus verschiedenen Gebieten, aus Biologie, Medizin, Biochemie, Mathematik und Informatik.

Würden alle handschriftlichen Arztberichte und -protokolle von Maschinen digitalisiert, könnten diese Daten – von Maschinen verarbeitet – neue Erkenntnisse für die personalisierte Medizin liefern. Auch zum Lesen dieser Handschriften braucht man Maschinen – konvolutionelle neuronale Netze, die darauf trainiert wurden, handgeschriebene Zeichen zu erkennen. Ein weiteres KI-Modell könnte aufgrund dieser Daten sagen, was für uns gesund und was gefährlich ist, welche Medikamente bei uns gut anschlagen, welche Ernährung und welche Verhaltensweisen ein langes und gesundes Leben fördern. Wie wir Depressionen, Krebs oder Altersdiabetes vermeiden können. Wann uns ein Herzinfarkt oder Schlaganfall droht. Und das alles sehr schnell und tiefgehend. In manchen Ländern ist man schon auf voller Fahrt in die Zukunft: Das kleine Estland ist der Vorreiter in Sachen digitale Medizin.[173] Deutschland liegt im Ranking von 18 Industrieländern auf Platz 17.[174]

Bisher konnte ein Arzt nur die Vorgeschichte eines Patienten erfassen, höchstens die anderer Patienten aus seiner Praxis berücksichtigen. Was für medizinische Schätze würden KI-Programme ausgraben, wenn sie Patientengeschichten und -daten von uns allen auswerten könnten? Selbstverständlich streng anonymisiert. Würden wir nicht alle große Vorteile davon haben, wenn wir unsere Gesundheitsdaten dem allgemeinen Wohl zur Verfügung stellen?

In einer umfassenden digitalen Patientenakte wären alle möglichen Informationen über den Patienten abgespeichert: seine Symptome und Befunde, Diagnosen, Medikamente, Therapiemaßnahmen, Behandlungsberichte, Impfungen, elektronische Medikationspläne, elektronische Arztbriefe, Notfalldatensätze, Blutwerte und Werte aus medizinischen Apps in seinen tragbaren smarten Geräten, aber auch körperbezogene Informationen, wie seine Blutgruppe, genetische Auffälligkeiten, die Zusammensetzung seines Genoms.

Forscher an der Universität Linköping in Schweden haben ein KI-Programm entwickelt, das aus Patientendaten vorhersagen kann, wann ein Mensch ein hohes Risiko hat, einen septischen Schock zu erleiden.[175] Der septische Schock ist die schlimmste Phase der Blutvergiftung, ohne Behandlung führt er meist zum Tod. Selbst bei Behandlung ist das Sterberisiko sehr hoch, im Durchschnitt sterben etwa 30 bis 40 Prozent der Patienten. Das Sterberisiko schwankt allerdings erheblich in Abhängigkeit von zahlreichen Faktoren, beispielsweise wie rasch mit der Behandlung begonnen wird, welche Bakterien beteiligt sind (vor allem davon, ob die Bakterien gegen Antibiotika resistent sind) und wie die allgemeine gesundheitliche Verfassung des Patienten ist. Je früher man behandelt, umso größer ist die Chance, den Menschen mit Antibiotika zu retten. Septischer Schock ist sehr schwierig vorauszusagen. Das KI-Modell MIMIC kann das. MIMIC konnte Daten von 59000 Patienteneinweisungen in Intensivstationen auswerten, wie Alter, Gewicht, Blutdruck, Puls- und Atemfrequenz, Laborergebnisse, die Krankengeschichte des Patienten. Die Wissenschaftler in Linköping haben etwa 30 solche Parameter aus der medizinischen Literatur ausgewählt und damit das neuronale Netz trainiert: MIMIC lernte so, Patienten zu bestimmen, die einen septischen Schock entwickeln könnten. Das Muster der Merkmale, nach denen MIMIC den Schock voraussagt, ist so kompliziert, dass ein Mensch es nicht verstehen würde.

Auch bei der Ausbreitung von Krankheiten spielen viele Faktoren eine Rolle: Ein ideales Spielfeld für Programme, die umso besser sind, je mehr Daten sie verarbeiten können. Anfang 2020 erlebte die Welt eine schnelle Ausbreitung des Coronavirus. Über den Ausbruch eines grippeähnlichen Virus im Wuhan-Gebiet in China erfuhr die Weltöffentlichkeit am 9. Januar 2020 von der Weltgesundheitsorganisation (WHO). Das US-amerikanische Zentrum für Kontrolle und Prävention von Krankheiten (CDC) informierte darüber einige Tage davor. Doch wer erkannte zuerst anhand der Auswertung von Nachrichten und Flugkarten, dass es sich in Wuhan um den Ausbruch einer neuen Epidemie handelte? Es war das kanadische KI-Programm BlueDot. Der Algorithmus warnte vor Gefahrenzonen wie Wuhan – aufgrund von Nachrichten aus der ganzen Welt, Daten über Tier- und Pflanzenkrankheiten und offiziellen Verlautbarungen.[176]

Etwa ein Fünftel aller Diagnosen ist falsch. Diese falschen Diagnosen lassen sich häufig auf vorgefasste Meinungen und Rasterdenken zurückführen.[177] Ärzte leisten wirklich Erstaunliches, doch sie sind nur Menschen. Würde da eine Maschine (unter menschlicher Kontrolle) nicht viel neutraler entscheiden?

Bei einer Konferenz über Künstliche Intelligenz in der Medizin, im Robert-Bosch-Krankenhaus in Stuttgart, fragte in der Diskussion eine Teilnehmerin, ob nicht die Gefahr bestehe, dass viel mehr Operationen als notwendig gemacht werden, wenn man immer mehr Roboter als Operateure einsetzt. Werde dann nicht wie am Fließband operiert? Auch bei Beschwerden, die ohne eine OP geheilt werden könnten? »Stellen Sie sich Maschinen vor, die selbst entscheiden dürfen, ob operiert werden soll oder nicht«, sagte ich. »Und dann können Sie sich Chirurgen in Privatpraxen vorstellen, die ein umso größeres Haus kaufen können, je mehr sie operieren. Wen würden Sie in einem unsicheren Fall entscheiden lassen, ob Sie operiert werden sollen oder nicht? Die Maschine? Oder den Menschen?« Sie lächelte mich an. Auch Maschinen treffen oft keine neutrale Entscheidung – wenn sie an nicht-neutralen Datensätzen trainiert wurden. Nur ist es einfacher, einen neutralen Datensatz für das Training der Maschine vorzubereiten, als einen Menschen so zu trainieren, dass er neutral entscheidet. Wir haben nun mal unsere angeborenen Vorlieben und Vorurteile. Eine Maschine ist vor dem Training ein unbeschriebenes Blatt. Wie sie nach dem Training arbeitet, hängt von den Beispielen ab, mit denen sie trainiert wurde.

Bildgebende Verfahren

Die heutige Medizin produziert eine Flut von Bildern. Röntgenstrahlen liefern uns konventionelle Röntgenaufnahmen, Bilder der Computertomografie (CT) und der oben erwähnten Mammografie. Starke magnetische Felder sind die physikalische Grundlage der Magnetresonanztomografie (MRT). Aber auch Ultraschalluntersuchungen produzieren Bilder. Nicht vergessen sollte man die klassische Fotografie, mit der Hautkrankheiten wie Tumore aufgenommen werden, und die Mikroskopfotografie für Gewebeproben. Diese und andere Methoden stellen Bilder bereit, die von KI-Programmen untersucht werden können – mittlerweile mit einer besseren Erkennungsrate als bei menschlichen Spezialisten.

Bereits 2016 trainierte Google ein künstliches neuronales Netz mit etwa 130 000 Netzhautaufnahmen, damit es diabetische Retinopathie bestimmen lernte. Diese Studie kann man mittlerweile als klassisch bezeichnen, also wegweisend. Die Netzhautfotografie wird mit der sogenannten Fundus-Kamera durchgeführt. Unter diabetischer Retinopathie leidet etwa ein Viertel aller Diabetiker, die Krankheit führt zur Blindheit, wenn sie nicht rechtzeitig behandelt wird. Das Google-Modell konnte nach dem Training mindestens genauso gut diabetische Retinopathie bestimmen wie menschliche Augenärzte.[178]

An diesen Beispielen lässt sich der Einsatz der Künstlichen Intelligenz in der Diagnostik zeigen. Genauso vielfältige Möglichkeiten bieten die KNN-Modelle für Therapievorschläge von physischen und psychischen Krankheiten. Nur muss immer der Arzt die letzte Instanz sein, die diese Entscheidung trifft, denn hier geht es oft um Leben und Tod.

Skurril in diesem Zusammenhang mutet eine andere Studie an: Tauben wurden mit »bestärkendem Lernen« trainiert, bösartige und gutartige Tumore an Brustgewebeproben zu erkennen.[179] Statt Pluspunkte, wie den Maschinen, gab man den Tauben beim Training Futter, wenn sie einen Tumor richtig erkannten. Die trainierten Tauben waren im Erkennen von Tumoren auf Gewebefotos genauso gut wie menschliche Spezialisten. Auch an Mammogrammen konnten die Tauben Krebs gut erkennen, wenn auch nicht so gut wie Menschen. Doch nur eine Frage des richtigen Trainings, bis sie das ebenso gut wie menschliche Spezialisten können? Oder des richtigen Futters? Auf jeden Fall können natürliche neuronale Netze von Tieren genauso trainiert werden wie die künstlichen, um krankhafte Veränderungen auf Bildern zu bestimmen – dafür brauchen sie nicht den gesunden Menschenverstand.

Roboter in der Medizin

Chatbots werden schon heute bei der Patientenaufnahme eingesetzt, aber auch in Pflegerobotern. Außerdem können Dialogsysteme bei Arztbesprechungen »mithören« und anschließend das Wichtigste zusammenfassen beziehungsweise auswerten. Sicher werden bald durch unsere Krankenhäuser menschenähnliche (humanoide) Roboter laufen, die dem Personal helfen, den Arbeitsdruck etwas abzubauen, und die immer zur Verfügung stehen, wenn ein Patient sie braucht.

In der Chirurgie werden Roboter schon lange verwendet: Bekannt ist das Operationssystem »DaVinci«. Doch früher wurden die chirurgischen Roboter direkt durch den Chirurgen gesteuert, es handelte sich also eher um Systeme, die dem Arzt assistierten, als dass sie selbstständig arbeiteten. Das ändert sich jetzt. Chirurgieroboter, die halbautonom arbeiten, kommen zum Einsatz: STAR (Smart Tissue Autonomous Robot) kann sehr exakte Stiche nähen, viel besser als ein menschlicher Chirurg. Auch einen Tumor entfernt STAR besser, das heißt mit einer geringeren Schädigung des umgebenden Gewebes. Viele dieser Eingriffe kann der Roboter durch sogenannte Schlüsselloch-Operationen durchführen, also durch minimalinversive Schnitte. Dadurch heilen die behandelten Stellen schneller, und auch das Infektionsrisiko ist viel kleiner.[180] Schnell wird aber auch hier auf voll autonome Roboter umgerüstet. Bei komplexen Operationsmodellen ersetzt man zuerst einzelne Module durch KI-Programme und tastet sich so langsam an selbstständig agierende Roboter heran, deren Operationen von menschlichen Spezialisten nur überwacht werden.

Roboter können nicht nur sinnvoll in der Pflege und Chirurgie eingesetzt werden, sondern auch in anderen Bereichen des Gesundheitssystems: Auf einem Video im Netz kann man den Roboter Little Peanut in einem Hotel in Hangzhou in China beobachten. Anfang 2020, während der Coronavirus-Epidemie, fuhr Little Peanut von Hotelzimmer zu Hotelzimmer und brachte den Gästen das Essen. Die Gäste waren die Passagiere eines Fluges von Singapur nach Hangzhou und befanden sich in Quarantäne. Zwei von ihnen hatten Fieber mit Verdacht auf eine Virusinfektion.[181] Roboter können nicht angesteckt werden. Auch eine durch Gift oder Radioaktivität verseuchte Umgebung macht einer Maschine nichts aus.

Doch nicht nur physische künstliche Wesen sollen unser Gesundheitssystem zu einem besseren verwandeln. Auch virtuelle Bots sind hilfreich:»Digitale Zwillinge« sind unser virtueller Abdruck im Computer – der virtuelle Doppelgänger eines Patienten. Im Digitalen Zwilling werden unser Genom und alle unsere Gesundheits- und Körperdaten abgespeichert. In der personalisierten Medizin spielen Digitale Zwillinge eine große Rolle. So können Ärzte mithilfe von Programmen schnell und umfassend die Daten eines Patienten mit denen von anderen vergleichen und eine auf ihn zugeschnittene Therapie finden. Das bietet auch die Möglichkeit, sich via Fernbehandlung von Spezialisten in anderen Ländern untersuchen und therapieren zu lassen. Allerdings besteht hier auch das Risiko eines möglichen Datenmissbrauchs. Wir müssen nach Wegen suchen, wie wir unsere Daten effektiv schützen können.

Entwicklung von Medikamenten

Neben der Auswertung von medizinischen Bildern ist die Entwicklung von Medikamenten vielleicht das Gebiet der Medizin, in dem KNNs heute am häufigsten eingesetzt werden und Erfolge zeigen. Einen Meilenstein in der Entwicklung von Medikamenten setzte wieder mal Googles Tochterfirma DeepMind: mit ihrem Programm AlphaFold. Wie schon sein Name verrät, sollte

AlphaFold »falten« lernen – und zwar Proteine.[182] Mit AlphaFold hat DeepMind eine Rakete in der Molekularbiologie gezündet, die uns in ein neues Zeitalter der Medizin fliegen kann. Im Jahr 2018 errang es den ersten Platz beim renommierten CASP-Wettbewerb (Critical Assessment of Techniques for Protein Structure Prediction), bei dem Programme zur Vorhersage von Proteinstrukturen geprüft und bewertet wurden. Bereits zum 13. Mal fand der zweijährlich abgehaltene Wettbewerb statt. 98 Programme wurden bewertet. AlphaFold konnte 25 von 43 Proteinstrukturen richtig voraussagen, das zweitplatzierte Programm nur drei. Ein solcher Abstand zwischen dem Erst- und Zweitplatzierten war bei CASP beispiellos.

Warum ist das so wichtig? Die 3-D-Struktur eines Proteins ist der Heilige Gral der Molekularbiologie und der Bioinformatik: Wenn wir wissen, welche Gensequenzen zu welchen Proteinstrukturen führen, können wir die Biologie der Organismen besser verstehen und viele Krankheiten heilen. Doch nicht nur das! Dann können wir auch gezielt Protein-Werkzeuge für zahlreiche andere Anwendungen bauen, beispielsweise, um Plastik und Öl zu zerlegen – wertvolle Werkzeuge für den Klimaschutz.

Bei der Entwicklung eines Medikaments ist es wichtig, die Biochemie der Krankheit zu verstehen. Dafür werden Ziele im Körper erschlossen, die von Medikamenten beeinflusst werden können. Diese Ziele sind meist Proteine. Wenn wir also die Struktur eines solchen Proteins kennen, können wir gezielt Medikamente entwickeln, die bei diesem Protein wirken könnten. Aber nicht nur das: Proteine werden auch direkt als Medikamente verwendet.

Die Proteinfaltung ist ein hochkomplexer Vorgang, an dem sich Generationen von Molekularbiologen und Bioinformatikern die Zähne ausgebissen haben. Proteinstrukturen wurden in den letzten 50 Jahren mithilfe von kostspieligen und zeitaufwendigen experimentellen und spektroskopischen Methoden ermittelt, vieles davon nach dem Trial-and-Error-Prinzip. Bis AlphaFold kam, trainierte und siegte.

AlphaFolds Königsweg

Bei AlphaFold arbeiten zwei neuronale Netze zusammen: konvolutionelle neuronale Netze und residuale neuronale Netze (ResNets, Deep Residual Networks). ResNets wurden in der Microsoft-Forschung entwickelt. In ihnen können Signale Schichten überspringen, und das erlaubt das Training von sehr tiefen Netzen. Das erste neuronale Netz von AlphaFold lernte, die Winkel, die die Bindungen einer Aminosäure zu benachbarten Aminosäuren bilden, und die räumlichen Distanzen zwischen den Aminosäuren eines Proteins vorherzusagen. Das war übrigens der innovative Beitrag von DeepMind – die Konkurrenzprogramme in der Proteinfaltungsforschung rechneten mit direkten Kontakten der Aminosäuren, also nicht mit ihren räumlichen Entfernungen. Mit diesen Werten wurde ein zweites neuronales Netz gespeist, das dann die Struktur der niedrigsten Energie des gegebenen Proteins ermitteln konnte.

Für die Entwickler der anderen Proteinfaltungsprogramme bei CASP13 war der große Erfolg von AlphaFold ein Schock. Das drückt auch Mohammed AlQuraishis Blog-Titel aus: »*What just happened?*«[183] Der in Harvard forschende Systembiologe AlQuraishi schreibt sogar vom Gefühl der »existentiellen Angst«, das die Forscher bei CASP13 empfanden, als sie sahen, wie AlphaFold ihren Programmen davonlief – besser gesagt »davonfaltete«:»In einer Art köstlichen Ironie müssen wir, Menschen, die ihre Karriere darauf ausgerichtet haben, Kristallografen überflüssig zu machen, uns jetzt sorgen, ob wir selbst nicht überflüssig geworden sind.«

»Stellt dieses Ereignis auch eine Anklage der akademischen Wissenschaft dar?«, fragt sich der Autor und zitiert den US-amerikanischen Biologen Marc Kirschner, der die akademische Wissenschaft als eine »Jäger-und-Sammler-Gesellschaft« bezeichnete. Hunderte von Wissenschaftlern hätten seit Jahren über die Proteinfaltung geforscht, und jetzt hätten etwa 10 Entwickler von DeepMind die geringe Effizienz der akademischen Forschung entlarvt. Hier sei es nicht darum gegangen, wie man Go spiele, sondern um ein zentrales Thema der Biochemie. Wie könne ein System funktionieren, in dem Jäger und Sammler ihr Jagd- und Sammelgebiet um jeden Preis verteidigen müssen? Wissenschaft sei ein gemeinsames Unternehmen. Wir alle würden davon profitieren, wenn wir kooperieren und unser Wissen teilen, statt uns in einem starken Konkurrenzkampf ständig behaupten zu müssen. Etwas Konkurrenz sei sicher notwendig, schreibt der Autor, doch solle sie nicht die Stimmung in den Akademien vergiften, wie das heute der Fall sei.

An der Entwicklung von AlphaFold waren Molekularbiologen, Physiker und Maschinenlernen-Experten beteiligt – ein Beispiel dafür, wie die Wissenschaft der Zukunft funktionieren kann.

Der Kampf gegen die Resistenz

Einen weiteren Gipfel in der Tiefen Medizin stürmten Anfang 2020 Forscher am MIT (Massachussetts Institute of Technology). Ihr tief lernendes neuronales Netz fand ein mächtiges Antibiotikum, das in Labortests die gefährlichsten bekannten Bakterien töten konnte. Doch nicht nur das: Das Medikament mit dem Namen »Halicin« bekämpfte auch Bakterienstämme, die gegen alle anderen Antibiotika resistent waren, und zeigte eine niedrige Toxizität für menschliche Zellen.[184] Wahrscheinlich handelt es sich hier um das stärkste Antibiotikum, das je entwickelt wurde. Der Erfolg mutet umso erstaunlicher an, als in den letzten 20 Jahren nur sehr wenige neue Antibiotika entwickelt wurden – und die meisten davon waren nur leicht modifizierte Derivate der vorhandenen. Wie »findet« ein tief lernendes neuronales Netz ein Antibiotikum? Zuerst musste das Modell, wie jedes neuronale, trainiert werden: Man zeigte dem Netz 2500 synthetische Substanzen, die E.-coli-Bakterien töten konnten, und 800 natürliche Stoffe mit diversen unterschiedlichen Strukturelementen, die ein breites Spektrum an Bioaktivitäten aufwiesen. Das so trainierte Modell durchsuchte dann eine Datenbank mit 6000 Arzneimitteln und pickte ein Molekül heraus, das eine starke antibakterielle Wirkung haben sollte und sich von allen bekannten Antibiotika unterschied: Halicin.

»Halicin« ist ein »nerdiger« Name wie »Perceptron« oder »Transformer«. Die MIT-Forscher benannten das neue Medikament in Gedenken an »HAL 9000«, die Künstliche Intelligenz aus dem Film *2001: Odyssee im Weltraum*. HAL 9000 wollte die Besatzung des Raumschiffs töten, damit das Ziel des Unternehmens eingehalten werden konnte. Halicin soll Leben retten. Bei Tests an Mäusen, die mit dem Bakterium »A. baumannii« infiziert waren, zeigte Halicin eine erstaunliche Wirkung: Innerhalb von 24 Stunden waren die Mäuse bakterienfrei. Dabei ist A. baumannii ein gegen alle Antibiotika resistenter Bakterienstamm, der US-Soldaten in Irak plagte. E.-coli-Bakterien entwickelten gegen das neue Medikament 30 Tage lang keine Resistenz, wobei die Bakterien bei gängigen Antibiotika wie Ciprofloxacin eine Resistenz spätestens nach drei Tagen zeigen, manchmal schon nach einem Tag. Auch aus anderen Datenbanken fischte das Programm gute potenzielle Waffen gegen Bakterien heraus. Die Forscher planten, das Programm auch bei der Entwicklung völlig neuer Medikamente einzusetzen: Diese bahnbrechende Arbeit bedeute einen Paradigmenwechsel in der Entdeckung von Antibiotika und in der Entdeckung von Arzneimitteln im Allgemeinen, wie Roy Kishony, Professor für Biologie und Informatik am Technion (Israel Institute of Technology) sagte.[185] Bereits in naher Zukunft wird mithilfe von Künstlicher Intelligenz alles automatisiert werden, was automatisiert werden kann. Unser Arbeitsleben ändert sich bereits. Wir betreten die voll automatisierte Industrie 4.0 und das Zeitalter des Internets der Dinge, in dem alle Geräte vernetzt werden. Auch der Verkehr der nahen Zukunft wird ein anderer sein: In der Entwicklung von selbstfahrenden Autos passiert Unglaubliches. Viele Experten meinen, dass Menschen, die heute geboren werden, keinen Führerschein mehr brauchen werden.

Ein Buch, das diesen schnellen Wandel thematisiert, dürfte eigentlich nur Anwendungen erwähnen, die Meilensteine in der Entwicklung Künstlicher Intelligenz darstellen. Schon nach ein paar Monaten werden neue Errungenschaften durch viel bessere ersetzt. Trotzdem habe ich die medizinischen Anwendungen etwas ausführlicher in einem eigenen Kapitel behandelt. Unsere Gesundheit ist nun mal das Wichtigste.

Bis jetzt zeigte ich mich recht enthusiastisch über den »Frühling« im Bereich der Künstlichen Intelligenz – vor allem im Tiefen Lernen. Gibt es aber nicht auch Risiken und Gefahren der KI? Die gibt es natürlich, auch wenn sie oft anderswo liegen als in den Medien dargestellt. Auch hier gilt: Hinter jeder Künstlichen Intelligenz steht ein Mensch, eine Firma, eine Regierung. Die größte Gefahr der KI-Programme ist die ihres Missbrauchs oder ihres bedenkenlosen Einsatzes in Gebieten, über die wir uns mehr Gedanken machen müssen. Eine Maschine ist nur eine Maschine. Sie kann bei bestimmten Problemen etwas verallgemeinern, für uns denken kann sie nicht.

XII. Angst frisst Zukunft auf: Die Gefahren der Künstlichen Intelligenz

Die Leute sagen, oh, wir müssen ethische KI machen. Was für ein Unsinn. Die Menschen haben immer noch das Monopol auf das Böse. Das Problem ist nicht die KI. Das Problem ist, dass Menschen neue Technologien nutzen, um anderen Menschen zu schaden.[186]

GARRI KASPAROW

Die Blackbox der KI

»Wie sollen wir uns in einer Welt mit lauter KI-Maschinen fühlen, die wir nicht verstehen?«, fragte ein Zuhörer in einer Diskussion bei einer Veranstaltung zur Zukunft der Arbeit in der Katholischen Akademie in München. Wo ist aber das Problem? Täglich sind wir von menschlichen Wesen umgeben, die wir nicht verstehen, und fühlen uns trotzdem großartig dabei. Auch von der Quantenmechanik verlangt niemand, dass sie verständlich ist. Oft wird gefordert, dass KI ihre Entscheidungen erklären soll, sodass Menschen diese nachvollziehen können. Was wir heute unter Künstlicher Intelligenz verstehen, also künstliche neuronale Netze, kann uns aber nichts erklären. Das müssen schon die Menschen machen, die das Modell entwickelt haben. Genauer gesagt: Menschen müssen andere Programme entwickeln, die uns Einsichten in tief lernende neuronale Netze gewähren. Warum müssen wir nicht verstehen, wie ein Quantencomputer funktioniert, doch unbedingt verstehen wollen, wie ein mathematisches Optimierungsverfahren zu seinen Ergebnissen kommt? Weil Künstliche Intelligenz direkt an dem kratzt, was wir Menschen nur für uns beanspruchen – an unserem Denken.

Haben wir Angst vor künstlichen neuronalen Netzen, weil sie – mit ein paar mathematischen Kniffen beflügelt – zwei grundsätzliche Eigenschaften des menschlichen Gehirns zu besitzen scheinen: Lernen und das Gelernte verallgemeinern zu können? Das untrainierte Netz ist ein nach Erfahrung und logischen Überlegungen konstruiertes mathematisches Modell, das trainierte Netz eine Blackbox. Im Grunde weiß niemand, wie ein tief lernendes neuronales Netz seine Entscheidungen trifft.

Fieberhaft suchen Forscher nach Erklärungen, warum und wie künstliche neuronale Netze so wunderbar Muster in chaotischen Datensammlungen erkennen und Daten klassifizieren können. Die Theorie des »Informationsflaschenhalses« (Information Bottleneck) liefert vielleicht einen guten Ansatz, um unsere Wissenslücken über künstliche neuronale Netze zu schließen. Sie wurde von dem Neuroinformatiker Naftali Tishby von der Hebräischen Universität in Jerusalem entwickelt. Dieser Theorie nach können tief lernende neuronale Netze effizient die wichtigen Eingabewerte von unwichtigem Ballast befreien. Das Tiefe Lernen »drückt« nur die allgemein gültigen Merkmale durch den »Flaschenhals« des neuronalen Netzes, überflüssige Rauschsignale werden herausgefiltert. »Das Wichtigste beim Lernen ist, zu vergessen«, sagt Tishby.[187]

Auch unser Gehirn filtert Rauschsignale der Umwelt, wie unnötige Geräusche, aus: Sie gehen mit einer Freundin spazieren. Der Wind rauscht in den Baumwipfeln, trotzdem nehmen Sie ihren Satz »Wir setzen uns auf die Bank, okay?« wahr, entschlüsseln ihn richtig und setzen ihn auch in eine Handlung um.

Es wird auch eifrig experimentiert, um die Blackbox der künstlichen neuronalen Netze zu »entzaubern«: Was passiert in den KI-Programmen beim Lernen? »Könnten wir von der Hirnforschung nicht ein paar Arbeitsmethoden abgucken?«, fragte man sich bei DeepMind.[188] Früher konnten Hirnforscher das Gehirn nur »dank« einer Verletzung erforschen: Wie ändert sich die Funktion des Gehirns, wenn kleine Teile davon verletzt werden und nicht mehr funktionieren? Im Jahr 1848 schoss bei einer Explosion eine Eisenstange durch das Stirnhirn des amerikanischen Sprengmeisters Phineas Gage. Der Unfall machte den umgänglichen Herrn Gage zu einem launischen Zeitgenossen, der andere unflätig beschimpfte. Die Verletzung veränderte seine Persönlichkeit massiv: War also das Stirnhirn, der präfrontale Kortex, auch für das soziale Verhalten und die Moral zuständig? »Schuss durch die Seele« nannte der *Spiegel* den Fall.[189]

Dank neuer bildgebender Verfahren müssen Hirnforscher im dritten Jahrtausend zum Glück nicht mehr auf Verletzungen und Erkrankungen des Gehirns warten und können gezielt immer kleinere Gehirnteile untersuchen, auch einzelne Neuronen. 2005 erforschte das Team des Gehirnforschers Rodrigo Quian Quiroga das Problem der »visuellen Invarianz«[190]: Wie identifizieren wir Sachen, wenn wir sie aus einem bestimmten Blickwinkel heraus noch nie gesehen haben? Wieso erkenne ich meinen kleinen Sohn, auch wenn er von einer Schokoeis-Orgie bei einem Geburtstag zurückkehrt?

Ein Experiment verblüffte die Neurowissenschaftler: Sie sahen, dass eine Gehirnzelle nur dann feuerte, wenn sie ein Bild der Schauspielerin Jennifer Aniston sah. Auf andere Schauspieler reagierte die Gehirnzelle nicht. Später fand man im Gehirn von anderen Menschen Zellen, die andere »Vorlieben« hatten: So entdeckte man »Konzeptzellen«, die nur bestimmte Aufgaben ausführen.

Gibt es auch in künstlichen neuronalen Netzen solche hoch spezialisierten Neuronen, wie die »Jennifer-Aniston-Neuronen« im menschlichen Gehirn, fragten sich DeepMinds Forscher?[191] Um die Blackbox der neuronalen Netze zu entzaubern, wollten sie einzelne Neuronen und Neuronengruppen ausschalten. Was würde dabei mit dem künstlichen Netz passieren? Wie wird durch die »Verletzung« dieser Netzteile die Funktion des Netzes beeinflusst? Sind die leicht interpretierbaren Neuronen, die für eine bestimmte Klasse von Objekten zuständig sind (Katzenneuronen, cat neurons), für das künstliche neuronale Netz wichtiger als die sogenannten »konfusen« Neuronen? »Katzenneuronen« feuern, wenn das KNN mit dem Bild einer Katze oder mit anderen spezifischen Bildern gefüttert wird, wogegen »konfuse« Neuronen keine bildtypische Spezialisierung zeigen.

Es gab dabei zwei interessante Ergebnisse: Für die Funktion des künstlichen neuronalen Netzes ist es nicht wichtig, ob spezialisierte »Katzenneuronen« oder »konfuse« Neuronen gelöscht werden. Außerdem sind »generalisierende« Netze gegen solche Verletzungen weniger anfällig als »memorierende«. Generalisierende Netze erkennen nach dem Training mit Tausenden Katzenbildern auch Katzen auf Bildern, die sie vorher nicht gesehen haben. Memorierende Netze erkennen dagegen nur Katzen, an die sie sich erinnern, mit denen sie also trainiert wurden.

Beide Ergebnisse gelten auch für das natürliche neuronale Netz: Unser Gehirn kann gut weiter funktionieren, auch wenn einzelne Neuronen oder sogar Neuronengruppen verletzt werden. Oft übernehmen andere Neuronen und Gehirnteile Funktionen der verletzten Teile. Sogar mit nur einer Gehirnhälfte kann der Mensch weitgehend normal leben. Und natürlich ist das Gehirn auch ein generalisierendes neuronales Netz und kein nur memorisierendes, also kein einfacher Speicher. Wir Menschen sind Meister im Verallgemeinern. Von Bekanntem können wir problemlos Schlüsse auf das Unbekannte ziehen.

Grenzen der Erklärbarkeit

Langsam, aber sicher wird die Blackbox der Künstlichen Intelligenz immer weiter entschlüsselt. Wie schon gezeigt, kann man die inneren Merkmale in den konvolutionellen neuronalen Netzen visualisieren, ähnlich wie das Abbildung 13 (Seite 75) zeigt. Dabei zeichnet ein zusätzliches konvolutionelles Netz den Entscheidungsprozess im primären Netz beim Lösen seiner Aufgabe auf. So sieht man, wie das Netz die Merkmale des Objekts immer besser bestimmt und von einer tiefen Schicht zur anderen immer mehr abstrahiert, die rudimentären Merkmale also zu immer abstrakteren Formen zusammensetzt, bis das Gesamtbild entsteht. Doch können wir diesen komplexen Vorgang dadurch wirklich »verstehen«?

Man stelle sich vor, man schiebe jeweils zwischen zwei Schichten eines Modells eine Schicht eines anderen »Erklärungs-Modells«. Diese »Erklärungs-Schichten« zeichnen genau auf, wie das primäre Modell zu seiner endgültigen Entscheidung fortschreitet, indem es ein »Krebs-Muster« im menschlichen Chromosom immer genauer bestimmt, also eine Sequenz an Nukleotiden, die zu Krebs führt. Dabei dokumentiert das »Erklärungs-Modell« für uns ein Spiel des primären KNNs mit den Signalen von Milliarden Buchstaben (Nukleotiden) und Millionen Krankendaten. In Form von Zahlen. Verstehen wir dann, was da vor sich geht? Wie das primäre KNN zu seinem Ergebnis kommt? Unser Gehirn ist doch nur in der Lage, acht Informationseinheiten auf einmal zu verarbeiten, beispielsweise acht natürliche Zahlen, nicht Tausende Zahlen.

Es werden jedoch Modelle entwickelt, bei denen wir sehen können, was in ihnen vorgeht. Solche Modelle mit eingebundenen Bewertungs- oder Visualisierungsalgorithmen der inneren Vorgänge im tief lernenden neuronalen Netz zeigen jedoch oft eine schwächere Leistung als solche ohne dazwischengeschaltete Programme. Ich bin etwas mit Quantenmechanik vorbelastet, wohl deshalb denke ich bei diesen Überlegungen an eine»Unschärferelation des Maschinenlernens«: Je besser wir die Entscheidungen eines neuronalen Netzes interpretieren können, umso schlechter ist seine Leistung.

Ist es so wichtig zu wissen, was genau in den inneren Schichten eines künstlichen neuronalen Netzes vor sich geht? Wie kommt ein solches Netz in einem autonom fahrenden Auto vor einem sich anbahnenden Unfall zu seiner Entscheidung? Wie entscheidet das Netz sich für ein Manöver, bei dem die wenigsten Menschen zu Schaden kommen würden? Welche Menschen dürfen dabei verletzt werden und welche nicht? Wie viele? Ist das Kind im Auto wichtiger als eine Gruppe Fußgänger auf dem Zebrastreifen? Am Ende trifft ein richtig trainiertes KNN immer eine objektivere Entscheidung als der Mensch. Ein künstliches neuronales Netz wird bei einem Unfall NICHT zwei ältere Frauen überfahren lassen, um eine junge zu retten. Das aber selbstverständlich nur dann, wenn das Modell mit einem neutralen Datensatz trainiert wurde.

Ob wir dann die Entscheidungen der Modelle verstehen oder nicht, ist eine andere Sache. Ich habe kein Problem damit, etwas zu verwenden, was ich nicht verstehe. Wie mein Gehirn arbeitet, verstehe ich doch auch nicht, und benutze es ständig. Auch die Funktion unseres visuellen Systems ist bei Weitem nicht ganz entschlüsselt. Welche Vorgänge in meinem Gehirn führen dazu, dass ich zwei Freunde erkenne? Vielleicht kann ich sie zumindest so beschreiben, dass jeder sie auseinanderhalten kann: Schon das Alter ist ein herausragendes Merkmal. Oder dass einer von ihnen eine Brille trägt. Doch welche Prozesse in meinem Gehirn zu dieser Entscheidung geführt haben, kann ich nicht erklären. Meine Gehirnaktivität ist ein zu komplexer Vorgang, um ihn mit meinem Intellekt zu erfassen. Und ich habe für diese Erfassung Millionen Neuronenverbände im Gehirn, die viele

Aufgaben parallel lösen. Wie soll dann ein künstliches neuronales Netz erklären, wie es seine Aufgabe löst, wenn es nur auf seine einzige Aufgabe trainiert werden kann? Äpfeln von Birnen zu trennen beispielsweise. Ein KNN ist kein Philosoph, ein KNN ist ein Werkzeug.

Selbstverständlich will ich damit nicht sagen, wir sollen alle Kontrolle aufgeben. Ein künstliches neuronales Netz kann bei der Beurteilung eines Augenscans eine falsche Augenkrankheit diagnostizieren. Trotzdem ist es schon heute oft so, dass ein KNN ebenso sicher wie ein Arzt eine richtige Diagnose stellen kann. Doch ein Arzt muss seine Entscheidung nicht erklären, von einem künstlichen neuronalen Netz dagegen fordern wir genau das. Wenn ein Arzt Leben rettet, weil sein Bauchgefühl eine Entscheidung ermöglichte, bewundern wir ihn. Hier wissen wir, dass das Ergebnis wichtiger ist als die Erklärung, wie der Arzt die Lösung des Problems fand.

Dass man mithilfe einer Wellengleichung berechnet, wie wahrscheinlich es ist, ein Teilchen an einem Ort anzutreffen, verstehe ich auch nicht, obwohl ich an der Universität auch Quantenmechanik unterrichtet habe. Ich akzeptiere das einfach. Weil diese Art, den Ort beziehungsweise den Impuls von Teilchen zu berechnen, überprüfbare Ergebnisse liefert und keine, die dagegensprechen würden. Die Wahrscheinlichkeitsdeutung der Quantenmechanik verstand nicht einmal Einstein, daher sein Spruch: »Gott würfelt nicht!« Trotzdem ist die Quantenmechanik die Grundlage für den Mikrochip, das Elektronenmikroskop, den Laser und viele andere technische Errungenschaften, die wir ständig benutzen. Der beste Beleg für die Richtigkeit der Quantenmechanik ist doch, dass diese Geräte funktionieren.

Testen, Testen, Testen

»Bevor wir in den Vertrauensrummel geraten, lasst uns die Weisheit des Satzes überprüfen, den ich in letzter Zeit oft gehört habe: ›Um KI (Künstlicher Intelligenz) zu vertrauen, müssen wir erklären, wie sie ihre Entscheidungen trifft‹«, schrieb Cassie Kozyrkov von Google über die »Erklärbarkeit« von Künstlicher Intelligenz.[192] Wenn man nicht weiß, wie KNNs ihre Entscheidungen treffen, dürfen wir ihnen überhaupt vertrauen? Wir dürfen! Testen sei die beste Grundlage für das Vertrauen, meint sie. Wenn eine Aufgabe so komplex ist, dass wir sie nicht einmal programmieren können, sondern einem künstlichen neuronalen Netz überlassen müssen, diese Aufgabe zu lernen, sollten wir das angelernte Netz einfach testen: So wie man Schüler testet, die das Einmaleins gelernt haben. Man fragt sie einfach aus und vergleicht ihre Antworten mit den bekannten Ergebnissen. Man versucht nicht, in das Gehirn der Schüler zu schauen, um herauszufinden, wie sie auf ihre Antworten kamen. Die Millionen von elektrischen Signalen würden uns ohnehin keine Erklärung liefern, aus der wir schlau werden könnten.

Doch auch nach einer Reihe von vielen positiv verlaufenen Tests kann es hin und wieder dazu kommen, dass die Maschine plötzlich ein falsches Ergebnis liefert. Dann müssen wir für ihr Training bessere und neutralere Daten bereitstellen. Da KNNs nicht fehlerfrei sind, müssen sie kontrolliert werden – vor allem bei schwerwiegenden Entscheidungen: Wenn ein Modell an einem Tumorbild eine Krebsart diagnostiziert, muss der Arzt diese Diagnose nachprüfen und entscheiden, welche Therapie infrage kommt.

Die Funktion der KNNs muss weiter erforscht werden. Das erlaubt uns, immer besser zu verstehen, wie sie arbeiten, und bessere Algorithmen zu entwickeln. Doch bei den Anwendungen der KNNs brauchen wir gute und überprüfbare Ergebnisse.

Denn große Aufgaben warten auf uns, die wir nur mithilfe der KNNs meistern können: Wir wollen Krankheiten besiegen, den Klimawandel stoppen, die Welt gerechter machen. Mit KNN-Modellen haben wir endlich eine Chance dafür bekommen: Nutzen wir sie! Auch wenn wir die Entscheidungen dieser Modelle nicht verstehen.

Wie baut man gute Modelle?

Stellen Sie sich eine Tür zu einer Schatzkammer vor. Sie stehen davor, mit einer Kiste Schlüssel, und Sie müssen den passenden finden. Ob ein Schlüssel aber wirklich passt, erfahren Sie erst, wenn Sie viele ins Schlüsselloch gesteckt haben. So ungefähr sieht es aus, wenn man für eine Anwendung das passende künstliche neuronale Netz trainieren soll. Oft spielt da die größte Rolle das Bauchgefühl des Experten, der das Netz entwickeln soll: Welches künstliche neuronale Netz wählt man? Welche Art des Lernens? Wie tief soll das Netz sein? Wie viele Neuronen pro Schicht? Welche Trainings- und welche Testdaten nimmt man? Wie groß muss der Datensatz sein? Die Suche nach den richtigen Hyperparametern ist eine mühsame Angelegenheit. Hyperparameter sind die oben erwähnten Eigenschaften, die das Netz definieren und sich beim Training nicht ändern.

Bei der computergestützten Zufallssuche (Random Search) nach einem geeigneten künstlichen neuronalen Netz wird eine Population von KNNs parallel und unabhängig voneinander nach verschiedenen Hyperparametern trainiert. Nach dem Training wählt man das Modell aus, das die besten Ergebnisse liefert – es löst am besten die Aufgabe, für die die Netze trainiert wurden. Diese Suche eines geeigneten Modells kostet jedoch sehr viel Rechenzeit – sie ist vergleichbar mit dem Aufwand, den ein

Headhunter von Bayern München hat, der unter dem Nachwuchs in der Kreisliga nach ein paar neuen Spielern sucht. Tausende Jungs haben jahrelang trainiert, doch nur zwei davon sind so gut, dass sie beim FC Bayern mitspielen dürfen. Zum Glück kann man das Ausprobieren mit Tausenden trainierenden Netzen automatisieren und zeitsparender und effizienter machen. Das hat DeepMind der Evolution abgeschaut. Organismen evolvieren nach dem Prinzip der Mutation und anschließenden Selektion. Bei einer Einzelmutation in einem Genom wird eine DNA-Base durch eine andere Base ersetzt. Die »Base« ist ein einzelner Buchstabe in unserer DNA. Solche Mutationen, also willkürlicher Austausch der Buchstaben in unserem Genom, finden ständig statt: aufgrund von Umwelteinflüssen oder durch fehlerhafte genetische Vorgänge. Manche Mutationen haben das Aussterben des so mutierten Organismus zur Folge, einige aber bringen ihm einen zusätzlichen Selektionsvorteil. Zum Beispiel brachte wohl eine einzige Mutation des menschlichen Gens ARHGAP11B dem Menschen ein größeres Gehirn.[193] Da hat das evolutionäre Ausprobieren also zu etwas Großem geführt.

Nach diesem Evolutionsvorbild entwickelte DeepMind das populationsbasierte Training (PBT, Population Based Training)[194] von KNNs. Dabei trainierten die DeepMind-Experten viele Netze gleichzeitig. Mit gutem Erfolg! Tatsächlich konnte man nach dieser Methode gut funktionierende Modelle finden. Könnte aus einem solchen Netz mit vielen Schichten eine »starke KI« entstehen? Etwas, das dem Menschen im Denken ebenbürtig wäre oder ihn sogar überragen könnte? Eine Superintelligenz?

Das superintelligente Gespenst

Im Februar 2020 sagte Garri Kasparow in einem Interview der Zeitschrift *Wired*: »Wie Künstliche Intelligenz sich entwickeln wird, weiß ich nicht. Aber ich glaube nicht an allgemeine Künstliche Intelligenz. Ich glaube nicht, dass Maschinen in der Lage sind, Wissen von einem offenen System auf ein anderes zu übertragen. Maschinen werden also in den geschlossenen Systemen dominieren, egal ob es sich um Spiele oder um eine andere, von Menschen gestaltete Welt handelt.«[195]

Für übermenschliche Intelligenz prägte der britische Mathematiker und Kryptologe Irving John »Jack« Good den Begriff »Superintelligenz«: eine ultraintelligente Maschine, die uns alle in Sachen Intelligenz in die Tasche steckt. Eine solche Superintelligenz, die Vernor Vinge schon 1993 prophezeit hatte, ist jedoch bis heute nicht in Sicht. Trotzdem erwarten auch heute wieder manche KI-Enthusiasten schon in ein paar Jahren die Entstehung starker KI (AGI, Artificial General Intelligence). Die Hälfte der KI-Experten der Plattform OpenAI wettet, dass es starke KI, die autonom wie der Mensch handeln könne, in den nächsten 15 Jahren geben wird.[196]

Etwas nüchternere KI-Forscher rechnen damit frühestens in 50 bis 100 Jahren. Einige, wie der Australier Toby Walsh, glauben jedoch: starke KI werde es nie geben. Maschinelle Superintelligenzen seien ohnehin keine Gefahr für die Menschheit, spotten andere wie der KI-Pionier Sepp Hochreiter: »Würde es wirklich intelligente KIs geben, die gescheiter sind als wir Menschen, die würden sofort die Erde verlassen und im Asteroidengürtel Mineralien abbauen. Wieso sollten sich die KIs mit Menschen um Ressourcen streiten, die sie gar nicht brauchen?«[197] Das stimmt: Warum sollten Maschinen sich in diesem riesigen Universum auf einem Planeten herumtreiben, auf dem sie bei Wasser und Sauerstoff vor sich hin rosten? Es gäbe doch viel bessere Orte für

Roboter – radioaktive Planeten mit viel direkter Energie. Was könnte eine Erde, deren Rohstoffe weitgehend verbraucht sind, Robotern schon bieten?

Yann LeCun ist der Ansicht:»Wir überschätzen die Gefahr dramatisch, dass KI die Herrschaft übernimmt, weil wir dazu neigen, Intelligenz mit dem Streben nach Dominanz in Verbindung zu bringen. (…) Beobachtungen deuten darauf hin, dass dominanzsuchendes Verhalten eher mit Testosteron als mit Intelligenz korreliert. Selbst unter Menschen sind diejenigen, die Machtpositionen suchen, selten die klügsten unter uns.«[198] Warum sollte eine Maschine das menschliche testosteronbedingte Streben nach Macht entwickeln? Sie hat keine menschliche Evolution hinter sich, in der sie sich durch Macht evolutionäre Vorteile gesichert hätte.

Im Frühjahr 2014 veröffentlichte Nick Bostrom, Professor für Philosophie an der Universität Oxford, sein Buch *Superintelligenz: Szenarien einer kommenden Revolution,*[199] das ein Bestseller wurde. Sicher auch deswegen, weil es unsere Albträume weckte: Maschinen, die die Menschheit vernichten würden, sollte die sogenannte technologische Singularität eintreten, der Augenblick, in dem Maschinen intelligenter als der Mensch werden und ihre Intelligenz ab da exponentiell selbst verbessern. Sogar den Tesla-Gründer Elon Musk ließen Bostroms Ausführungen erschauern, und er twitterte:»Lesenswert *Superintelligence* von Bostrom. Wir müssen sehr vorsichtig mit KI sein. Potenziell gefährlicher als Atomwaffen.«[200]

Nick Bostrom schreibt:»Es ist durchaus möglich, eine Superintelligenz zu haben, deren einziges Ziel es ist, etwas völlig Beliebiges wie zum Beispiel Büroklammern herzustellen. Und die sich mit aller Macht jedem Versuch widersetzen würde, dieses Ziel zu ändern. Diese Intelligenz würde zuerst die gesamte Erde in Büroklammer-Fabriken verwandeln und später sogar Teile des Weltalls.«[201] Die Erde in Büroklammer-Fabriken zu verwandeln, wäre allerdings nicht superintelligent, sondern superblöd. Das würde ein Computerprogramm machen, das nur für diese Aufgabe, Büroklammern herzustellen, optimiert wurde. Ein solches Programm schaltet man einfach aus, wenn es Blödsinn macht.

Schon vor 30 Jahren wurden alle grundlegenden Algorithmen für künstliche neuronale Netze entwickelt, die den heutigen Hype der Künstlichen Intelligenz verursachen. Warum hat es früher die KI-Winter gegeben? Weil unsere KI-Programme keine Ergebnisse brachten, da unsere Computer mit den großen Netzen und der Datenmenge, die sie zum Lernen brauchen, nicht rechnen konnten. Dafür mussten erst rechenstarke Computer entwickelt werden. Wenn allerdings unsere Rechner in ihrer Leistung unseren Algorithmen immer hinterherhinken, wie soll sich dann auf ihnen plötzlich exponentiell eine Superintelligenz entwickeln? Das wäre, als wollte man die nichtlinearen Gravitationsgleichungen der Allgemeinen Relativitätstheorie mit einem Rechenschieber rechnen.

Trotzdem machen uns die Medien Angst vor Künstlicher Intelligenz. Als ob es nicht viel schlimmere Bedrohungen für die Menschheit gäbe: Terror! Kriege! Krankheiten! Den Klimawandel! »Beherrschen Roboter bald die Welt?«, schlagzeilte das *Weekend Magazin* in Wien.[202] Wie soll das aber gehen? Unsere heutigen KI-Programme sind nur eine Ansammlung von miteinander verbundenen Punkten in einem Computerprogramm. Die Verbindungen zwischen diesen Punkten werden beim Training des Netzes mithilfe von Mathematik schrittweise so lange gestärkt oder geschwächt, bis das Netz eine optimale Antwort auf seine Aufgabe liefert. Die einzige Aufgabe, die es lösen kann. Mehr ist nicht drin!

Ein solches KI-Programm kann – an Millionen Wohnzimmerbildern trainiert – besser und schneller als der Mensch jeden Gegenstand auf dem unbekannten Foto eines Wohnzimmers bestimmen. Solange nichts Ungewöhnliches auf dem Bild zu sehen ist, das nichts mit einem Wohnzimmer zu tun hat. Das haben Wissenschaftler der Universität Toronto gezeigt: Ein künstliches neuronales Netz hat gelernt, wunderbar Gegenstände auf Fotos diverser Wohnzimmer zu erkennen. Als die Wissenschaftler dann in ein solches Foto das Bild eines Elefanten hineinkopierten, verwirrten sie damit das Netz maßlos. Ein kleines Kind würde einen Elefanten als Elefanten erkennen, auch wenn er im Wohnzimmer sitzt und fernsieht. Ein künstliches neuronales Netz ließ sich durch das Ungewöhnliche so durcheinanderbringen, dass es den Elefanten für einen Stuhl hielt, und einen Stuhl für ein Sofa.[203] Wie soll uns ein solches Programm beherrschen? Und warum?

»Es ist nicht Künstliche Intelligenz, die mir Sorgen macht. Es ist menschliche Dummheit«, sagt Neil Jacobstein, Experte für Künstliche Intelligenz und Robotik an der Singularity University in Mountain View, USA.[204]

KNNs und starke KI

Viele KI-Forscher bezweifeln, dass KNNs eine Treppe zu starker Künstlicher Intelligenz bilden. Die Neuronen und ihre Verbände in unserem Gehirn sind viel komplexer als ein Netz aus miteinander verbundenen Punkten in einem Computerprogramm, das ein KNN letzten Endes ist. Außerdem enthalten die natürlichen Neuronen in unserem Gehirn wohl wiederum neuronale Verbände, die Entscheidungen treffen. Das bedeutet: Schon ein einzelnes natürliches Neuron im Gehirn hat das Potenzial eines mehrschichtigen neuronalen Netzwerks.[205] In keinem Fall sind KNNs das Abbild des Gehirns. Das Gehirn war nur eine Inspiration für Modelle mit künstlichen Neuronen. Flugzeuge wollte der Mensch auch bauen, weil er sich von Vögeln inspirieren ließ – trotzdem bleibt ein Flugzeug eine Maschine und fliegt anders als ein Vogel: Es fliegt erst dann, wenn ein Mensch es in Bewegung setzt. Ein Vogel fliegt autonom.

Vielleicht führt die Treppe aus KNNs nirgendwohin, was die Entwicklung der starken KI betrifft, doch das Laufen darauf bringt uns sehr viel: KNNs sind die einzigen mathematischen Verfahren, die aus vielen Beispielen lernen können zu verallgemeinern und Aufgaben zu lösen. Komplexe Probleme können wir, wie hier schon oft gesagt, nicht ohne tief lernende künstliche neuronale Netze anpacken. Nur KNNs sind in der Lage zu lernen, zu welchen Krebsarten bestimmte Basenfolgen in unserer DNA führen. Wenn wir das KNN mit den Krebsdiagnosen, den entsprechenden Tumorbildern und Genomen der betroffenen Patienten trainieren. Für uns ist ein DNA-Strang nur eine Kette aus Milliarden von scheinbar willkürlich aneinandergereihten Buchstaben – in einem solch komplexen Datensatz kann kein Mensch ein Muster erkennen. Ein KNN schon. Und nach seinem Training kann es uns zeigen, welche Basenfolgen zu gerade diesem Krebs führen, dessen Tumorbild wir ihm zeigen. Und welche Krebsart es ist.

Ist das aber intelligent? Wenn man dem Netz ein Foto mit dem Hintern eines Pavians zeigt, würde das Netz ihn auch wie einen Tumor behandeln und die dazugehörige Krebsart bestimmen, wenn es trainiert wurde, auf Fotos Tumoren Krebsarten zuzuordnen. Ein künstliches neuronales Netz kann auf keine anderen Kenntnisse zurückgreifen als auf die Gewichtungen der Verbindungen zwischen seinen Neuronen. Diese haben sich nun mal während seines Trainings entwickelt. Das Netz hat keinen gesunden Menschenverstand, keine Erinnerungen, kein Gefühl, keine Intuition.

Da ist der Wurm drin

Das menschliche Gehirn zeigt ungemein komplexeres und effektiveres Lernverhalten als ein künstliches neuronales Netz. Im Gehirn wird die Information hochgradig parallel verarbeitet. Diese Art der Informationsverarbeitung kann man mit heutigen Computern nicht einmal annähernd bewerkstelligen, obwohl Hollywoodfilme wie *Transcendence* diesen Eindruck vermitteln: In diesem Film entwickelt sich eine starke übermächtige KI, nachdem man das Gehirn von Dr. Will Caster (Johnny Depp) in einem Computerprogramm emuliert, also nachgebildet, und ins Internet eingespeist hat.

Schon lange kennen wir das Nervensystem des Fadenwurms »C. elegans«, mit seinen 307 Neuronen und den etwa 7000 Verbindungen dazwischen, und sind immer noch nicht in der Lage, dieses winzige neuronale System im Computer zu emulieren. Ein im Computer nachgebildeter Organismus müsste sich in seinem Programm genauso verhalten können wie in der Natur. Das neuronale System des Fadenwurms gehört zu den kleinsten, die es gibt. Wie sollen wir dann das menschliche Gehirn im Computer emulieren, das etwa 100 Milliarden Neuronen mit 100 Billionen Verbindungen dazwischen hat?

Um den Fadenwurm digital »zum Leben zu erwecken«, hat man die offene Plattform *OpenWorm* ins Leben gerufen (http://openworm.org). Hier kann jeder mitmachen und seinen eigenen Wurm »zum Laufen bringen«. Hin und wieder werden Beiträge veröffentlicht, die einen Aspekt des Lebens beziehungsweise Verhaltens des Fadenwurms erschließen, doch von einer funktionierenden Nachbildung des natürlichen Wurms sind wir noch weit entfernt.

Unsere digitalen Möglichkeiten, Rechner und Algorithmen, erlauben uns momentan, höchstens ein lebendiges System von der Größe eines Bakteriums digital nachzubilden. Allerdings hat ein Bakterium kein neuronales System, es setzt sich aus einer einzigen Zelle zusammen.

Keine Angst also vor einem wie in *Transcendence* in den Computer eingespeisten Superhirn, das sich rasend schnell zu einer Superintelligenz im Internet entwickeln würde. Die Funktionen des menschlichen Gehirns werden Computer noch lange nicht nachmachen können. Wenn es überhaupt möglich ist. Um in einer realen Umwelt funktionieren zu können, braucht ein solches System sein »Embodiment« – eine Verkörperung.[206] Damit ein komplexes neuronales System hier bestehen und autonom wie Tiere und Menschen auf diese Umwelt reagieren kann, müsste es vor Ort lange lernen und dafür ständig Reize aus dieser Umwelt empfangen können: mit all seinen Sinnen. Doch was sind schon die paar Kameras und Mikrofone eines Roboters gegen die Augen und Ohren eines Menschen, seine Geschmacks- und Geruchsrezeptoren, seine Haut? Sollte es irgendwann künstliche Intelligenzen geben, die der menschlichen in ALLEM ebenbürtig sind, werden sie eher im Labor gezüchtet und nicht programmiert.

Trotzdem bleibt das Gehirn das große Vorbild der neuronalen KI-Forschung und immer noch vielseitiger als jedes KI-Programm. Dabei verbraucht das Gehirn im Vergleich zu KI-Programmen verschwindend wenig Energie. Nehmen wir aber an, wir wüssten, wie unser Gehirn funktioniert (was nicht stimmt): Haben wir überhaupt die Ressourcen, ein intelligentes und hochkomplexes System wie das menschliche Gehirn nachzubilden?

Können Sie sich 100 Milliarden Neuronen vorstellen? Ein Neuron ist im Schnitt 30 Mikrometer groß, also etwa 100-mal kleiner als ein Sandkorn. Aneinandergereiht würden alle Neuronen unseres Gehirns eine Luftbrücke von Leipzig nach Moskau ergeben. Jedes einzelne dieser Neuronen hat mindestens 1000 bis 10 000 Verbindungen zu anderen Neuronen. Ein Transistor auf einem klassischen Chip hat nur eine Handvoll Leiterbahnen zu anderen Transistoren.

Eines der ganz großen Probleme der Anwendung der künstlichen neuronalen Netze ist schon heute ihr atemberaubender Energieverbrauch. Unsere neuen KI-Programme sind große Umweltsünder: Das Training eines großen tief lernenden neuronalen Netzes verursacht den Ausstoß von ebenso viel CO_2 wie fünf Autos während ihrer ganzen Lebensdauer.[207] Kaum vorstellbar, welche Mengen an Energie man aufwenden müsste, um ein KNN von der Größe und Vernetzung unseres Gehirns zu trainieren.

Wollte man sein Gehirn emulieren und in einen Computer einspeisen lassen, um unsterblich zu werden, müsste man seine Sterblichkeit noch einige Zeit hinauszögern, bis unsere Rechner mit solch komplexen Systemen überhaupt rechnen können.

Das Warten auf den Quantenmessias

Vielleicht gibt es ja andere Wege zu starker KI, als mithilfe von Backpropagation und Gradientenabnahme die Gewichtungen der Verknüpfungen in großen künstlichen Netzen schrittweise anzupassen. Ohne rechenstarke Computer aber, gegen die unsere heutigen Rechner wie ein Abakus wirken, können wir diese Wege nicht bestreiten. Meiner Meinung nach müssen wir uns erst dann ernsthaft Gedanken über eine Superintelligenz machen, wenn wir funktionierende Quantencomputer bauen können, die hochparallel rechnen könnten, wie unser Gehirn, nur viel besser und schneller.

Nur sind Quantencomputer sehr schwer zu programmieren. Außerdem sind sie fehleranfällig. Vielleicht beweist bald ein Quantenphysiker, dass eine gewisse Fehlerquote in der Natur des Quantencomputers liegt. Für das Nutzen der Quantenmagie gibt es ja Beschränkungen: die Unschärferelation zum Beispiel. Sollte es aber tatsächlich bald Computer geben, die mit 50 und mehr Qubits (Quantenbits) fehlerfrei und praktisch realisierbar rechnen können, würde das die Welt grundlegend verändern. Ein Bit kann nur zwei unterschiedliche Werte einnehmen: 1 oder 0. Ein Qubit speichert aufgrund des »Superpositionsprinzips« jede mögliche Überlagerung dieser beiden Werte. Wäre die Erde beispielsweise eine Rechenwiese, würden der Nordpol und der Südpol bei unserer klassischen »Von-Neumann-Architektur« für Computer jeweils einen Wert liefern: eine 1 oder eine 0. Bei einem Quantencomputer dagegen könnte jeder Punkt auf der Erdkugel eine Überlagerung von 1 und 0 darstellen – eine unendliche Anzahl von Zuständen. Da Qubits in allen diesen Zuständen gleichzeitig vorkommen können, ist der Quantencomputer eine hochparallel rechnende Maschine. Im Vergleich zum seriellen Abarbeiten der Bits in einem traditionellen Rechner. Google, IBM und andere Techfirmen sind schon eifrig dabei, Quantencomputer zu entwickeln. Wer macht das Rennen um die sogenannte »Quantum Supremacy«, die Quantenüberlegenheit, bei der ein Quantencomputer viel schneller rechnen könnte als der schnellste »normale« Supercomputer?

Im Januar 2019 bot IBM den allerersten Quantencomputer zum Verkauf an – Rechenleistung 20 Qubits.[208] Doch das war eher eine Marketingmaßnahme. Bei einem Quantencomputer muss jede Recheneinheit von Unmengen von Kontroll-Qubits überwacht werden. Für 100 fehlerfrei arbeitende Qubits seien eine Million Kontroll-Qubits notwendig, meint Googles Quantencomputer-Experte John Martinis.[209] Erst Quantencomputer in dieser Größenordnung würden jedoch besser als unsere klassischen Von-Neumann-Computer rechnen. Solche Quantencomputer haben wir nicht.

Das Erreichen der Quantenüberlegenheit kündigte Google im Oktober 2019 in einem Artikel in *Nature* an:[210] Googles 53-Qubit-

Quantenrechner soll eine Aufgabe berechnet haben, für deren Berechnung ein »klassischer« Supercomputer 10 000 Jahre brauchen würde. Doch Googles mächtiger Konkurrent im Rennen um einen fehlerfrei funktionierenden Quantenrechner IBM stellte diese Leistung von Google infrage und schrieb in seinem Blog, dass diese Aufgabe auf einem klassischen Computer viel genauer und in höchstens 2,5 Tagen berechnet werden könnte.[211] Was Quantencomputer angeht, bleibt uns nichts anderes übrig, als abzuwarten: Entweder werden sie nie fehlerfrei rechnen können. Oder wir erleben irgendwann eine Quantenrevolution. Diese würde die Entwicklung von KI massiv vorantreiben, und dann wäre vieles vorstellbar.

Das Problem Datenschutz

Wie sollen und können wir unsere Daten schützen? Damit wir eben nicht von Firmen und Regierungen manipuliert, kontrolliert und beherrscht werden? Die Onlineplattformen wie Google und Facebook saugen unsere Daten ab und verwerten sie – hoffentlich anonymisiert – für ihre KI-Programme. Die neuen Informationen über Künstliche Intelligenz werden von den Plattformen jedoch meist veröffentlicht. Alle neuen Artikel darüber können wir auf dem Dokumentenserver für wissenschaftliche Vordrucke (Preprints) *arXive.org* lesen. Jeder, der KNNs direkt anwenden will, kann das mithilfe der frei zugänglichen Online-Systeme und -Bibliotheken für maschinelles Lernen tun: *TensorFlow* (Google), *PyTorch* (open-sourced von Facebook), *Caffe*, *Keras* und andere. Über den Mangel an KI-Information können wir uns nicht beklagen. Doch wer nutzt diese Information, die oft in Schatzhöhlen aus wissenschaftlichem Kauderwelsch vergraben ist? Je mehr solche Information es gibt, umso mehr KI-Aufklärung ist notwendig.

Bei einem freizügigen Umgang mit den Daten gibt es jedoch Risiken. Auch wenn in Demokratien KI-Programme dank Datenschutz anonymisiert mit Daten gefüttert werden, sind riskante Zukunftsszenarien möglich: Stellen Sie sich als Gedankenexperiment vor, in den USA herrsche plötzlich eine Diktatur. Seit Jahren erlauben wir Plattformen im Internet, unsere Daten zu sammeln. Jede unserer Google-Suchen ist ein Mosaik zur Vervollständigung unseres Profils: Auf den Servern der Internetplattformen und sozialen Netzwerke wie Facebook ist unser ganzes Leben gespeichert. Alles was wir kaufen, essen, anziehen, welche Filme wir sehen, welche Musik wir hören und welche Bücher wir lesen, welche Medikamente wir brauchen, wie groß wir sind, was uns Spaß macht und was nicht, welche Krankheiten wir haben, welche Partei wir wählen, wen wir mögen, in welchen Vereinen wir sind. Das Internet ist das Dokumentationszentrum, das unser Leben beschreibt, und unser Fotoalbum.

Eine in Psychologie, Sozialpsychologie und Medizin trainierte Künstliche Intelligenz könnte aus diesen Informationen ein bis ins kleinste Detail stimmiges Profil von jedem von uns erstellen – einen Digitalen Zwilling. Mit unseren Krankheiten und Anfälligkeiten dafür. Schon heute können KI-Programme nur anhand der Fotos von Gesichtern auf mögliche Krankheiten schließen.[212] Mit diesen Profilen gut trainierte Maschinen könnten, von einer Diktatur eingesetzt, jeden unserer Schritte voraussagen. Eine Überwachung mit Künstlicher Intelligenz wäre total – ein solcher Überwachungsstaat würde George Orwells Albträume weit übertreffen. Unsere heutigen Computer können sicher noch nicht eine so umfassende Kontrolle und Manipulation leisten. Doch mit fehlerfreien Quantencomputern wäre jedes noch so erschreckende Szenario mit Künstlicher Intelligenz vorstellbar.

Könnten wir aber nicht auch große Vorteile davon haben, wenn wir alle unsere Daten dem allgemeinen Wohl zur Verfügung stellen? Zum Beispiel unsere Gesundheitsdaten? Ob Vorteile am Ende überwiegen, wird die Zukunft zeigen. Wir können aber dazu beitragen, dass die Zukunft für uns gut ausfällt. Indem wir diese neue KI-Welt mitverfolgen und mitgestalten. Von dieser Fahrt in die Zukunft können wir uns ohnehin nicht mehr absetzen. Uns bleibt nichts anderes übrig, als uns zu informieren und mitzuhalten, damit wir eben nicht mithilfe von Künstlicher Intelligenz manipuliert, kontrolliert und beherrscht werden. Der Weg in eine gute Zukunft heißt Bildung. In dieser Zukunft werden die Maschinen den Menschen nicht ersetzen, sondern seine Fähigkeiten erweitern, nicht nur im Bereich der Medizin. Meine Grundüberzeugung ist: Wenn wir den Klimawandel, die Zerstörung der Welt, Hungersnöte, Terror und Kriege stoppen können, dann nur mithilfe von Künstlicher Intelligenz.»Einige Leute nennen das Künstliche Intelligenz, aber die Realität ist, dass diese Technologie uns verbessern wird. Anstatt Künstlicher Intelligenz werden wir also unsere Intelligenz erhöhen«, sagte Ginni Rometty, CEO und Präsidentin von IBM.[213]

Zu guter Letzt

»Es gibt diese Argumente, dass wir vielleicht keine Künstliche Intelligenz entwickeln sollten, weil sie uns zerstören würde. Was ist aber, wenn das Nichterreichen der Künstlichen Intelligenz die größte existenzielle Bedrohung für die Menschen ist?«[214] Diese Frage stellte der tschechische KI-Forscher Tomas Mikolov (geb. 1982).

Können wir die großen Probleme der Menschheit anders als mithilfe von lernenden Maschinen lösen? Die Welt nachhaltig gestalten? Ein Beispiel für ein nachhaltiges KI-Projekt ist »Tidal« von Alphabet, der Mutterfirma von Google.[215] Bei Tidal trackt man mit speziellen Kameras Tausende von Fischen in Ozeanen.

Außerdem werden Umweltbedingungen wie Temperatur und Sauerstoffgehalt des Wassers aufgenommen. Und das geschieht mithilfe konvolutioneller neuronaler Netze! Auch die Analyse und Auswertung der Daten erfolgt durch KI-Programme. Die so gewonnenen Erkenntnisse werden von Fischzüchtern genutzt, um ihre Fische nachhaltiger pflegen zu können, was wiederum Nachhaltigkeit erzeugt: Fisch zu essen ist ja gesund und somit nachhaltig, außerdem produzieren Fische viel weniger CO_2 als Landtiere. Nicht zuletzt helfen uns hier Maschinen, Ozeane und ihren Fischbestand besser zu verstehen.

Ich könnte hier Hunderte umwelt- und menschenfreundliche KI-Anwendungen anführen. Jeden Tag erfahren wir von KI-Programmen, die unsere Welt besser machen können. Im Frühjahr 2020 zeigte uns die Corona-Epidemie, wie zerbrechlich die Weltordnung ist, wie ein Virus die Weltwirtschaft in die Knie zwingen konnte. Was wäre, wenn uns ein hoch ansteckendes Virus heimsuchen würde, das bei jedem zweiten Menschen zum Tod führt? Wäre es nicht an der Zeit, endlich zu überlegen, wie wir uns und die Erde vor uns selbst retten können? Zum ersten Mal in der Menschheitsgeschichte könnten wir auch solche Katastrophen wie hoch ansteckende Krankheiten verhindern. Mithilfe von KI-Programmen. Wie ein Wunder tauchte diese Chance gerade jetzt auf, in einer Zeit, in der führende Wissenschaftler die »Weltuntergangsuhr« auf nur 100 Sekunden vor Mitternacht gestellt haben. Nutzen wir diese Chance!

Danksagung

Einige Freunde haben die Rohfassung des Manuskripts gelesen und viel zur Entstehung dieses Buches beigetragen: Mit Udo Mannel habe ich zahlreiche Diskussionen geführt, die mir geholfen haben, die Struktur des Buches immer klarer zu sehen und neue Bilder für die Umschreibungen von komplexen Vorgängen in KI-Programmen zu entwickeln.

Auch André Kovac hat mir viele wertvolle und sachverständige Tipps zukommen lassen, wie ich Künstliche Intelligenz dem breiten Publikum näherbringen könnte.

Ergiebig waren auch die Ratschläge von Katharina Schüler und Marc-Denis Weitze.

Ohne euch würde ich jetzt mein Buch über Künstliche Intelligenz nicht in Händen halten.

Vielen Dank!

Anmerkungen

1   Ditfurth, Hoimar von: *So laßt uns denn ein Apfelbäumchen pflanzen: Es ist soweit.* Rasch und Röhring, Hamburg 1985

2   Knight, Will: *Defeated Chess Champ Garry Kasparov Has Made Peace With AI,* in: Wired (21.02.2020), https://www.wired.com/story/defeated-chess-champ-garry-kasparov-made-peace-ai/

3   Khurana, Diksha et al.: *Natural Language Processing: State of The Art, Current Trends and Challenges,* in: arxiv.org (2017), https://arxiv.org/ftp/arxiv/papers/1708/1708.05148.pdf

4   Beuth, Patrick: *Microsoft: Twitter-Nutzer machen Chatbot zur Rassistin,* in: Zeit Online (24.03.2016), https://www.zeit.de/digital/internet/2016-03/microsoft-tay-chatbot-twitter-rassistisch

5   Ford, Martin: *Die Intelligenz der Maschinen.* mitp-Verlag, Frechen 2019

6   Vorhaus, John; Robert, Peter: *Handwerk Humor.* Zweitausendeins, Leipzig ⁴2018

7   Ford: *Die Intelligenz der Maschinen.* A. a. O. (Anm. 5)

8   Sato, Kaz: *How a Japanese cucumber farmer is using deep learning and TensorFlow,* in: Google Cloud Blog (31.08.2016), https://cloud.google.com/blog/products/gcp/how-a-japanese-cucumber-farmer-is-using-deep-learning-and-tensorflow

9   Roser, Max: *Human Development Index (HDI),* in: Our World in Data (11/2019), https://ourworldindata.org/human-development-index#all-charts-preview

10 Brynjolfsson, Erik; McAfee, Andrew; Henzler, Herbert A.: *The Second Machine Age.* Plassen Verlag, Kulmbach 2018, S. 12–14

11 Snow, Jackie: *How artificial intelligence can tackle climate change,* in: National Geographic (7/2019), https://www.national-geographic.com/environment/2019/07/artificial-intelligence-climate-change/

12 McKinney, Scott Mayer et al.: *International evaluation of an AI system for breast cancer screening,* in: Nature 577 (2020), S. 89–94

13 Perlis, Alan J.: *Special Feature: Epigrams on programming*, in: SIGPLAN Notices 17 (1982), S. 7–13

14 Turing, A. M.: *On Computable Numbers, with an Application to the Entscheidungsproblem*, in: Proceedings of the London Mathematical Society s2-42 (1937), S. 230–265

15 McCulloch, Warren S.; Pitts, Walter H.: *A Logical Calculus of the Ideas Immanent in Nervous Activity*, in: Bulletin of Mathematical Biophysics (1943), http://www.cse.chalmers.se/~coquand/AUTOMATA/mcp.pdf

16 Piccinini, Gualtiero: *The First Computational Theory of Mind and Brain: A Close Look at Mcculloch and Pitts's »Logical Calculus of Ideas Immanent in Nervous Activity«*, University of Missouri–St. Louis 2004, http://www.umsl.edu/~piccininig/First_Computational_Theory_of_Mind_and_Brain.pdf

17 Gefter, Amanda: *The Man Who Tried to Redeem the World with Logic*, in: Nautilus (05.02.2015), http://nautil.us/issue/21/information/the-man-who-tried-to-redeem-the-world-with-logic

18 Piccinini: *The First Computational Theory of Mind and Brain: A Close Look at Mcculloch and Pitts's »Logical Calculus of Ideas Immanent in Nervous Activity«*. A. a. O. (Anm. 16)

19 Orenstein, David: *MIT scientists discover fundamental rule of brain plasticity*, in: MIT News (22.06.2018), http://news.mit.edu/2018/mit-scientists-discover-fundamental-rule-of-brain-plasticity-0622

20 Hebb, D. O.: *The Organization of Behavior*. John Wiley & Sons Inc, New York 1949

21 Turing, A. M.: *Computing Machinery and Intelligence*, in: Mind 49 (1950), S. 433–460

22 Leavitt, David: *The Man Who Knew Too Much*. W. W. Norton, New York 2006

23 Ebd.

24 McCarthy, J.; Minsky, M. L., Rochester, N.; Shannon, C.: *A Proposal for the Dartmouth Summer Research Project on Artificial Intelligence* (31.08.1955), http://www-formal.stanford.edu/jmc/history/dartmouth/dartmouth.html

25 *New Navy Device Learns by Doing: Psychologist Shows Embryo of Computer Designed to Read and Grow Wiser*, in: New York Times

(08.07.1958), https://www.nytimes.com/1958/07/08/archives/
new-navy-device-learns-by-doing-psychologist-shows-embryo-
of.html

[26] Rosenblatt, F.: *The perceptron, a perceiving and recognizing
automaton (Project Para)*, in: Cornell Aeronautical Laboratory
(1957)

[27] *New Navy Device Learns by Doing: Psychologist Shows Embryo of
Computer Designed to Read and Grow Wiser.* A. a. O. (Anm. 25)

[28] Lefkowitz, Melanie: *Professor's perceptron paved the way for
AI – 60 years too soon,* in: Cornell Chronicle (9/2019), https://
news.cornell.edu/stories/2019/09/professors-perceptron-paved-
way-ai-60-years-too-soon

[29] futurezone/NK: *Dieser Forscher prophezeite schon vor 60 Jahren
die Super-KI* (01.07.2019), https://www.futurezone.de/science/
article226345951/Dieser-Forscher-prophezeite-schon-vor-60-
Jahren-die-Super-KI.html

[30] Raschka, Sebastian: *Single-Layer Neural Networks and Gradient
Descent* (2015), https://sebastianraschka.com/Articles/2015_
singlelayer_neurons.html

[31] Ford: *Die Intelligenz der Maschinen.* A. a. O. (Anm. 5)

[32] Weizenbaum, Joseph: *ELIZA – A Computer Program For the
Study of Natural Language Communication Between Man and
Machine,* in: Communications of the ACM Vol. 9, No. 1 (January
1966), S. 36–45, http://www.universelle-automation.de/1966_
Boston.pdf

[33] Marx, George: *The voice of the Martians.* Akadémiai Kiadó,
Budapest 2001

[34] Lefkowitz: *Professor's perceptron paved the way for AI – 60 years
too soon.* A. a. O. (Anm. 28)

[35] *Rosenblatt's Contributions,* in: Workshop at Pace University
(11.04.2011), http://csis.pace.edu/~ctappert/srd2011/rosenblatt-
contributions.htm

[36] Minsky, Marvin; Papert, Seymour A.; Bottou, Léon: *Perceptrons:
An Introduction to Computational Geometry.* MIT Press, Cambridge 2017 (Erstausgabe 1969)

[37] Kurenkov, Andrey: *A ›Brief‹ History of Neural Nets and Deep
Learning* (29.09.2019), http://www.andreykurenkov.com/writing/
ai/a-brief-history-of-neural-nets-and-deep-learning/

[38] Minsky, Papert, Bottou: *Perceptrons: An Introduction to Computational Geometry*. A. a. O. (Anm. 36)

[39] Aleksander, Igor; Morton, Helen: *Aristotle's Laptop. The Discovery of Our Informational Mind*. World Scientific Publishing Company, Singapore, Hackensack, NJ 2012

[40] Borchers, Detlef: *50 Jahre Künstliche Intelligenz* (13.07.2006), https://www.heise.de/newsticker/meldung/50-Jahre-Kuenstliche-Intelligenz-141200.html

[41] Kurenkov: *A ›Brief‹ History of Neural Nets and Deep Learning*. A. a. O. (Anm. 37)

[42] Lefkowitz: *Professor's perceptron paved the way for AI – 60 years too soon*. A. a. O. (Anm. 28)

[43] High, Peter: *Deep Learning Pioneer Geoff Hinton Helps Shape Google's Drive To Put AI Everywhere*, in: Forbes (20.06.2016), https://www.forbes.com/sites/peterhigh/2016/06/20/deep-learning-pioneer-geoff-hinton-helps-shape-googles-drive-to-put-ai-everywhere/#52bf34a2693c

[44] Sejnowski, Terrence J.: *The Deep Learning Revolution*. The MIT Press, Cambridge, Mass. 2018

[45] Rumelhart, David E.; Hinton, Geoffrey E.; Williams, Ronald J.: *Learning representations by back-propagating errors*, in: Nature 323 (1986), S. 533–536

[46] Gupta, Dishashree: *Fundamentals of Deep Learning – Activation Functions and When to Use Them?*, in: Analytics Vidhya (10/2017), https://www.analyticsvidhya.com/blog/2017/10/fundamentals-deep-learning-activation-functions-when-to-use-them/

[47] Kurenkov: *A ›Brief‹ History of Neural Nets and Deep Learning*. A. a. O. (Anm. 37)

[48] Schmidhuber, Jürgen: *Who Invented Backpropagation?*, in: Istituto Dalle Molle di Studi sull'Intelligenza Artificiale (The Swiss AI Lab IDSIA) (2014), http://people.idsia.ch/~juergen/who-invented-backpropagation.html

[49] Hinton, Geoffrey E.; Osindero, Simon; Teh, Yee-Whye: *A fast learning algorithm for deep belief nets.*, in: Department of Computer Science University of Toronto (2006), https://www.cs.toronto.edu/~hinton/absps/fastnc.pdf

[50] Ford: *Die Intelligenz der Maschinen*. A. a. O. (Anm. 5)

[51] Schmidhuber, Jürgen: *Deep learning in neural networks: an overview*, in: Neural Networks 61 (2015), S. 85–117

[52] Jordan, Michael I.: *Serial Order: A Parallel Distributed Processing Approach*, in: ICS Report 8604 (1986)

[53] Hochreiter, S.; Schmidhuber, J.: *Long short-term memory*, in: Neural Computation 9 (1997), S. 1735–1780

[54] Martinez-Conde, Susana; Macknik, Stephen L.: *Das Sehen durchschaut*, in: Gehirn & Geist (11/2017)

[55] *Helden der Hirnforschung*, in: Der Spiegel (17.05.2014), https://www.spiegel.de/wissenschaft/medizin/hirnforscher-hubel-in-harvard-medical-school-geehrt-a-969799.html

[56] Wurtz, Robert H.: *David Hunter Hubel. 27 February 1926 – 22 September 2013*, in: Biographical Memoirs of Fellows of the Royal Society 62 (2016), S. 233–246

[57] Hubel, D. H.; Wiesel, T. N.: *Receptive fields, binocular interaction and functional architecture in the cat's visual cortex*, in: Journal of Physiology 160 (1962), S. 106–154.2

[58] Fukushima, K.: *Neocognitron: a self organizing neural network model for a mechanism of pattern recognition unaffected by shift in position*, in: Biological Cybernetics 36 (1980), S. 193–202

[59] LeCun, Yann et al.: *Gradient-Based Learning Applied to Document Recognition*, in: Proceedings of the IEE (1998), http://yann.lecun.com/exdb/publis/pdf/lecun-01a.pdf

[60] Deshpande, Adit: *A Beginner's Guide To Understanding Convolutional Neural Networks*. GitHub 2019, https://adeshpande3.github.io/adeshpande3.github.io/A-Beginner's-Guide-To-Understanding-Convolutional-Neural-Networks/

[61] Mitchell, Melanie: *Artificial Intelligence: A Guide for Thinking Humans*. Farrar, Straus & Giroux, New York 2019

[62] Zhang, Maggie: *Google Photos Tags Two African-Americans As Gorillas Through Facial Recognition Software*, in: Forbes (01.07.2015), https://www.forbes.com/sites/mzhang/2015/07/01/google-photos-tags-two-african-americans-as-gorillas-through-facial-recognition-software/#6378393713d8

[63] Branwen, Gwern: *The Neural Net Tank Urban Legend* (2019), https://www.gwern.net/Tanks

[64] Geirhos, Robert et al.: *ImageNet-trained CNNs are biased towards*

texture; increasing shape bias improves accuracy and robustness (14.01.2019), https://arxiv.org/pdf/1811.12231v2

[65] *Rosenblatt's Contributions.* A. a. O. (Anm. 35)

[66] Lim, Milton: *History of AI Winters – History of AI Winters | Actuaries Digital*, in: Actuaries Digital (05.09.2018), https://www.actuaries.digital/2018/09/05/history-of-ai-winters/

[67] Mitchell: *Artificial Intelligence: A Guide for Thinking Humans.* A. a. O. (Anm. 61)

[68] Marr, Bernard: *28 Best Quotes About Artificial Intelligence*, in: Forbes (25.07.2017), https://www.forbes.com/sites/bernardmarr/2017/07/25/28-best-quotes-about-artificial-intelligence/#373776664a6f

[69] Moravec, Hans P.: *Mind Children.* Harvard University Press, Cambridge, Mass. 1988

[70] Mitchell, Tom M.: *The Discipline of Machine Learning*, in: School of Computer Science, Carnegie Mellon University, Pittsburgh (2006), http://www.cs.cmu.edu/~tom/pubs/MachineLearning.pdf

[71] Samuel, A. L.: *Some studies in machine learning using the game of checkers*, in: IBM Journal of Research and Development 44 (2000), S. 206–226

[72] Gershgorn, Dave: *The inside story of how AI got good enough to dominate Silicon Valley*, in: Quartz (18.06.2018), https://qz.com/1307091/the-inside-story-of-how-ai-got-good-enough-to-dominate-silicon-valley/

[73] Gershgorn, Dave: *The data that transformed AI research – and possibly the world*, in: Quartz (26.07.2017), https://qz.com/1034972/the-data-that-changed-the-direction-of-ai-research-and-possibly-the-world/

[74] Ebd.

[75] McNeal, Marguerite: *Fei-Fei Li: If We Want Machines to Think, We Need to Teach Them to See*, in: Wired (04/2015), https://www.wired.com/brandlab/2015/04/fei-fei-li-want-machines-think-need-teach-see/

[76] Krizhevsky, Alex; Sutskever, Ilya; Hinton, Geoffrey E.: *ImageNet Classification with Deep Convolutional Neural Networks*, in: Advances in Neural Information Processing Systems (2012), S. 1097–1105, http://papers.nips.cc/paper/4824-imagenet-classification-with-deep-convolutional-neural-networks.pdf

[77] LeCun et al.: *Gradient-Based Learning Applied to Document Recognition*. A. a. O. (Anm. 59)

[78] Das, Siddharth: *CNN Architectures: LeNet, AlexNet, VGG, GoogLeNet, ResNet and more ...*, in: Analytics Vidhya (16.11. 2017), https://medium.com/analytics-vidhya/cnns-architectures-lenet-alexnet-vgg-googlenet-resnet-and-more-666091488df5

[79] Geitgey, Adam: *Machine Learning is Fun! Part 3: Deep Learning and Convolutional Neural Networks*, in: Medium (13.06.2016), https://medium.com/@ageitgey/machine-learning-is-fun-part-3-deep-learning-and-convolutional-neural-networks-f40359318721

[80] Gershgorn: *The data that transformed AI research – and possibly the world*. A. a. O. (Anm. 73)

[81] Lynch, Shana: *Andrew Ng: Why AI Is the New Electricity*. Stanford Business 2017, https://www.gsb.stanford.edu/insights/andrew-ng-why-ai-new-electricity

[82] Sejnowski: *The Deep Learning Revolution*. A. a. O. (Anm. 44)

[83] Krizhevsky, Sutskever, Hinton: *ImageNet Classification with Deep Convolutional Neural Networks*. A. a. O. (Anm. 76)

[84] Gershgorn: *The inside story of how AI got good enough to dominate Silicon Valley*. A. a. O. (Anm. 72)

[85] Crew, Bec: *Google Scholar reveals its most influential papers for 2019*, in: Nature Index (02.08.2019), https://www.natureindex.com/news-blog/google-scholar-reveals-most-influential-papers-research-citations-twenty-nineteen

[86] Metz, Caqde: *A.I. Researchers Are Making More Than $1 Million, Even at a Nonprofit*, in: New York Times (19.04.2018), https://www.nytimes.com/2018/04/19/technology/artificial-intelligence-salaries-openai.html

[87] Schmidhuber, Jürgen: *First Superhuman Visual Pattern Recognition 2011*, http://people.idsia.ch/~juergen/superhumanpattern-recognition.html

[88] Gershgorn: *The data that transformed AI research – and possibly the world*. A. a. O. (Anm. 73)

[89] Betschon, Stefan: *Ehre für die »Deep Learning Mafia«*, in: Neue Zürcher Zeitung (04.04.2019), in: https://www.nzz.ch/digital/ehre-fuer-die-deep-learning-mafia-ld.1472761

[90] Flagel, Lex; Brandvain, Yaniv; Schrider, Daniel R.: *The Unreason-*

able Effectiveness of Convolutional Neural Networks in Population Genetic Inference, in: Molecular Biology and Evolution 36 (2019), S. 220–238

91 Williamson-Lee, Jayne: *Amazon's A.I. Emotion-Recognition Software Confuses Expressions for Feelings*, in: Medium (2019), https://onezero.medium.com/amazons-a-i-emotion-recognition-software-confuses-expressions-for-feelings-53e96007ca63

92 Barrett, Lisa Feldman: *How Emotions Are Made*. Houghton Mifflin Harcourt, Boston 2017

93 LeCun, Yann: *Artificial intelligence, revealed,* in: Facebook Research 2016, https://research.fb.com/blog/2016/12/artificial-intelligence-revealed/

94 Schulz, André: *20 Jahre Kasparov gegen Deep Blue*, in: ChessBase Schachnachrichten (11.05.2017), https://de.chessbase.com/post/20-jahre-kasparov-gegen-deep-blue

95 Kracht, Claudia: *Go – das japanische Kultspiel,* in: planetwissen. de (20.06.2018), https://www.planet-wissen.de/gesellschaft/spiele_und_spielzeug/brettspiele_spass_seit_jahrtausenden/pwiegodasjapanischekultspiel100.html

96 Hassabis, Demis: *AlphaGo: using machine learning to master the ancient game of Go*, in: Google Blog (2016), https://www.blog.google/technology/ai/alphago-machine-learning-game-go/

97 Jiménez, Fanny: *GO: So funktioniert das schwierigste Brettspiel der Welt*, in: Die Welt (09.03.2016), https://www.welt.de/wissenschaft/article153070800/So-funktioniert-das-schwierigste-Brettspiel-der-Welt.html

98 Silver, David et al.: *Mastering the game of Go with deep neural networks and tree search*, in: Nature 529 (2016), S. 484–489

99 Zhou, Yuan: *Moderne Go-Eröffnung*. Brett und Stein Verlag, Frankfurt a. M. 2018

100 Quadbeck-Seeger, Hans-Jürgen: *Aphorismen & Zitate über Natur und Wissenschaft*. Wiley-VCH, Weinheim 2013, S. 37

101 *AlphaZero: Googles neueste KI gewinnt Schach, Go und Shogi,* in: RND/dpa (06.12.2018), https://www.rnd.de/digital/alphazero-googles-neueste-ki-gewinnt-schach-go-und-shogi-IJ44VF45TMX3YSL57OWBXQ5A24.html

102 Knight: *Defeated Chess Champ Garry Kasparov Has Made Peace With AI*. A. a. O. (Anm. 2)

103   Sadler, Matthew et al.: *Game Changer.* New In Chess, Alkmaar 2019

104   Silver, David et al.: *A general reinforcement learning algorithm that masters chess, shogi, and Go through self-play*, in: Science 362 (2018), S. 1140–1144

105   Campbell, Murray: *Mastering board games*, in: Science 362 (2018), S. 1118

106   Ross, Philip E.: *DeepMind Achieves Holy Grail: An AI That Can Master Games Like Chess and Go Without Human Help*, in: IEEE Spectrum (06.12.2018), https://spectrum.ieee.org/tech-talk/artificial-intelligence/machine-learning/deepmind-achieves-holy-grail

107   *AlphaStar: Grandmaster level in StarCraft II using multi-agent reinforcement learning*, in: The AlphaStar Team – DeepMind Blog (30.10.2019), https://deepmind.com/blog/article/AlphaStar-Grandmaster-level-in-StarCraft-II-using-multi-agent-reinforcement-learning

108   Lee, Alex: *DeepMind has finally thrashed humans at StarCraft for real*, in: Wired (30.10.2019), https://www.wired.co.uk/article/deepmind-starcraft-alphastar

109   Vinyals, Oriol et al.: *Grandmaster level in StarCraft II using multi-agent reinforcement learning*, in: Nature 575 (2019), S. 350–354

110   Lee: *DeepMind has finally thrashed humans at StarCraft for real.* A. a. O. (Anm. 108)

111   *AlphaStar: Mastering the Real-Time Strategy Game StarCraft II*, in: The AlphaStar Team – DeepMind Blog (24.01.2019), https://deepmind.com/blog/article/alphastar-mastering-real-time-strategy-game-starcraft-ii

112   Brown, Noam; Sandholm, Tuomas: *Superhuman AI for multiplayer poker*, in: Science 365 (2019), S. 885–890

113   Baker, Bowen et al.: *Emergent Tool Use From Multi-Agent Autocurricula*, in: OpenAI (17.09.2019), https://openai.com/blog/emergent-tool-use/

114   Wijmans, Erik; Kadian, Abhishek: *Near-perfect point-goal navigation from 2.5 billion frames of experience*, in: Facebook AI (21.01.2020), https://ai.facebook.com/blog/near-perfect-point-goal-navigation-from-25-billion-frames-of-experience/

[115] Dodds, Laurence: *Chinese businesswoman accused of jaywalking after AI camera spots her face on an advert*, in: The Telegraph (25.11.2018), https://www.telegraph.co.uk/technology/2018/11/25/chinese-businesswoman-accused-jaywalking-ai-camera-spots-face/

[116] Vinge, Vernor: *Technological Singularity* (1993), https://frc.ri.cmu.edu/~hpm/book98/com.ch1/vinge.singularity.html

[117] Weitze, Marc-Denis: *Untersuchungen zur Evolution cortikaler Strukturen in biologisch relevanten Computermodellen*. Diss. München, Hieronymus 1997

[118] Brown, Tom B. et al.: *Language Models are Few-Shot Learners* (2020), https://arxiv.org/pdf/2005.14165

[119] *The world's most valuable resource is no longer oil, but data*, in: The Economist (06.05.2017), https://www.economist.com/leaders/2017/05/06/the-worlds-most-valuable-resource-is-no-longer-oil-but-data

[120] »*Data Never Sleeps 7.0*« *Infographic*, in: Domo (2019), https://www.domo.com/learn/data-never-sleeps-7

[121] Markoff, John: *In a Big Network of Computers, Evidence of Machine Learning*, in: New York Times (26.06.2012), https://www.nytimes.com/2012/06/26/technology/in-a-big-network-of-computers-evidence-of-machine-learning.html

[122] Fauw, Jeffrey de et al.: *Clinically applicable deep learning for diagnosis and referral in retinal disease*, in: Nature Medicine 24 (2018), S. 1342–1350

[123] Holland, Martin: *Putin: Wer bei KI in Führung geht, wird die Welt beherrschen*, in: Heise Online (9/2017), https://www.heise.de/newsticker/meldung/Putin-Wer-bei-KI-in-Fuehrung-geht-wird-die-Welt-beherrschen-3821332.html

[124] Manning, Christopher D.: *Last Words: Computational Linguistics and Deep Learning*, in: Nautilus The MIT Press (4/2017), http://mitp.nautil.us/article/170/last-words-computational-linguistics-and-deep-learning

[125] Shah, Huma; Warwick, Kevin: *Machine humour: examples from Turing test experiments*, in: AI & Society 32 (2017), S. 553–561

[126] University of Reading: *Turing Test success marks milestone in computing history* (08.06.2014), http://www.reading.ac.uk/news-archive/press-releases/pr583836.html

[127] Kremp, Matthias: *Eugene Goostman: Computer besteht erstmals Turing-Test*, in: Der Spiegel Netzwelt (09.06.2014), https://www.spiegel.de/netzwelt/gadgets/eugene-goostman-computer-besteht-erstmals-turing-test-a-974131.html

[128] Marcus, Gary: *What Comes After the Turing Test?*, in: The New Yorker (09.06.2014), https://www.newyorker.com/tech/elements/what-comes-after-the-turing-test

[129] Farnan, Mark: *Turing test transcripts reveal how chatbot ›Eugene‹ duped the judges.* Coventry University 2015, https://www.coventry.ac.uk/primary-news/turing-test-transcripts-reveal-how-chatbot-eugene-duped-the-judges/

[130] Aaronson, Scott: *My Conversation with »Eugene Goostman«, the Chatbot that's All Over the News for Allegedly Passing the Turing Test*, in: Shtetl-Optimized – The Blog of Scott Aaronson 2014, https://www.scottaaronson.com/blog/?p=1858

[131] Kühl, Eike: *Turing-Test: Ein Trickser namens Eugene Goostman*, in: Zeit Online (10.06.2014), https://www.zeit.de/digital/internet/2014-06/turing-test-eugene-goostman-kritik

[132] Marcus: *What Comes After the Turing Test?* A. a. O. (Anm. 128)

[133] Lewis-Kraus, Gideon: *The Great A.I. Awakening*, in: The New York Times (14.12.2016), https://www.nytimes.com/2016/12/14/magazine/the-great-ai-awakening.html

[134] Wu, Yonghui et al.: *Google's Neural Machine Translation System: Bridging the Gap between Human and Machine Translation* (26.09.2016), https://arxiv.org/pdf/1609.08144v2

[135] Mikolov, Tomas et al.: *Distributed Representations of Words and Phrases and their Compositionality*, in: Advances in Neural Information Processing Systems 26 (NIPS 2013), https://arxiv.org/pdf/1310.4546

[136] Ebd.

[137] Johnson, Melvin et al.: *Google's Multilingual Neural Machine Translation System: Enabling Zero-Shot Translation* (21.08.2017), https://arxiv.org/pdf/1611.04558v2

[138] Hochreiter, Schmidhuber: *Long short-term memory.* A. a. O. (Anm. 53)

[139] Vaswani, Ashish et al.: *Attention Is All You Need*, in: Google Brain (2017), https://arxiv.org/pdf/1706.03762

[140] Allard, Maxime: *What is a Transformer?*, in: IBM Analytics –

Inside Machine Learning (04.01.2019), https://medium.com/inside-machine-learning/what-is-a-transformer-d07dd1fbec04

141 Leviathan, Yaniv; Matias, Yossi: *Google Duplex: An AI System for Accomplishing Real-World Tasks Over the Phone*, in: Google AI Blog (08.05.2018), https://ai.googleblog.com/2018/05/duplex-ai-system-for-natural-conversation.html

142 Kurze, Korinna: *Google Duplex: Die künstliche Intelligenz klingt wie ein echter Mensch*, in: bento – Das junge Magazin vom Spiegel (09.05.2018), https://www.bento.de/gadgets/google-duplex-die-kuenstliche-intelligenz-klingt-wie-ein-echter-mensch-a-00000000-0003-0001-0000-000002367450

143 A. I. Wiki: *A Beginner's Guide to Attention Mechanisms and Memory Networks*, in: Pathmind (26.02.2020), https://pathmind.com/wiki/attention-mechanism-memory-network#rnn

144 Radford, Alec et al.: *Better Language Models and Their Implications*, in: OpenAI Blog (14.02.2019), https://openai.com/blog/better-language-models/

145 Möbus, Maika: *Gegenmittel zu GPT-2 von OpenAI und das Ende von Non-Profit*, in: entwickler.de (14.03.2019), https://entwickler.de/online/machine-learning/gltr-kuenstliche-texte-erkennen-gpt-2-openai-579885068.html

146 Brown et al.: *Language Models are Few-Shot Learners.* A. a. O. (Anm. 118)

147 Ferro, Rodolfo: *Sentiment analysis on Trump's tweets using Python*, in: Rodolfo Ferro Blog – Codementor Comunity (24.11.2018), https://www.codementor.io/@ferrorodolfo/sentiment-analysis-on-trump-s-tweets-using-python-pltbvb4xr

148 Zunde, Pranas; Hocking, Dan (Hg.): *Empirical Foundations of Information and Software Science V.* Springer US, Boston, MA, 1990, S. 8

149 Goodfellow, Ian J. et al.: *Generative Adversarial Nets* (10.06.2014), https://arxiv.org/pdf/1406.2661v1

150 Cohn, Gabe: *AI Art at Christie's Sells for $ 432,500*, in: The New York Times (25.10.2018), https://www.nytimes.com/2018/10/25/arts/design/ai-art-sold-christies.html

151 Cole, Samantha: *Deepfakes Were Created as a Way to Own Women's Bodies – We Can't Forget That*, in: Vice (14.07.2018), https://www.vice.com/en_uk/article/j5kk9d/deepfakes-were-

created-as-a-way-to-own-womens-bodies-we-cant-forget-
that
152 Cole, Samantha: *This Horrifying App Undresses a Photo of
Any Woman With a Single Click*, in: Vice (26.06.2019), https://
www.vice.com/en_us/article/kzm59x/deepnude-app-creates-
fake-nudes-of-any-woman
153 Ebd.
154 Hao, Karen: *An AI App That ›Undressed‹ Women Shows How
Deepfakes Harm the Most Vulnerable*, in: MIT Technology
Review (08.07.2019), https://medium.com/mit-technology-
review/an-ai-app-that-undressed-women-shows-how-deepfakes-
harm-the-most-vulnerable-8513c6707150
155 Ebd.
156 Christie's: *Is artificial intelligence set to become art's next medium?*
(12.12.2018), https://www.christies.com/
features/A-collaboration-between-two-artists-one-human-one-a-
machine-9332-1.aspx
157 Vincent, James: *How three French students used borrowed code to
put the first AI portrait in Christie's*, in: The Verge (23.10.2018),
https://www.theverge.com/2018/10/23/18013190/ai-art-portrait-
auction-christies-belamy-obvious-robbie-barrat-gans
158 Rocca, Joseph: *Understanding Generative Adversarial Networks
(GANs)*, in: Towards Data Science (07.01.2019), https://towards-
datascience.com/understanding-generative-adversarial-
networks-gans-cd6e4651a29
159 The Dalí Museum: *Behind the Scenes: Dalí Lives.* YouTube (2018),
https://www.youtube.com/watch?v=BIDaxl4xqJ4&source=post_
page
160 Dormehl, Luke: *Ctrl Shift Face Interview | How Deepfakes Can
Change Hollywood History*, in: Digital Trends (14.07.2019),
https://www.digitaltrends.com/cool-tech/ctrl-shift-face-
deepfake-changing-hollywood-history/
161 Porter, Jon: *Another convincing deepfake app goes viral prompting
immediate privacy backlash*, in: The Verge (02.09.2019), https://
www.theverge.com/2019/9/2/20844338/zao-deepfake-app-
movie-tv-show-face-replace-privacy-policy-concerns
162 Statt, Nick: *China makes it a criminal offense to publish deepfakes
or fake news without disclosure*, in: The Verge (29.11.2019),

https://www.theverge.com/2019/11/29/20988363/china-deep-fakes-ban-internet-rules-fake-news-disclosure-virtual-reality

163 Chivers, Tom: *What do we do about deepfake video?*, in: The Guardian (23.06.2019), https://www.theguardian.com/technology/2019/jun/23/what-do-we-do-about-deepfake-video-ai-facebook

164 Cole, Samantha: *This Deepfake of Mark Zuckerberg Tests Facebook's Fake Video Policies*, in: Vice (11.06.2019), https://www.vice.com/en_us/article/ywyxex/deepfake-of-mark-zuckerberg-facebook-fake-video-policy

165 Christopher, Nilesh: *Deepfakes by BJP in Indian Delhi Election Campaign*, in: Vice (18.02.2020), https://www.vice.com/en_in/article/jgedjb/the-first-use-of-deepfakes-in-indian-election-by-bjp

166 Thomas, Elise: *In the battle against deepfakes, AI is being pitted against AI*, in: Wired (01.03.2020), https://www.wired.co.uk/article/deepfakes-ai

167 Wiggers, Kyle: *Researchers at Udacity develop AI that can generate lecture videos from audio narration*, in: VentureBeat (05.07.2019), https://venturebeat.com/2019/07/05/udacitys-ai-generates-lecture-videos-from-audio-narrations/

168 Topol, Eric: *Deep Medicine. Künstliche Intelligenz in der Medizin. Wie KI das Gesundheitswesen menschlicher macht.* mitp-Verlag, Frechen 2020, S. 8

169 Ebd.

170 McKinney et al.: *International evaluation of an AI system for breast cancer screening.* A. a. O. (Anm. 12)

171 Dörr, Marcus et al.: *The WATCH AF Trial: SmartWATCHes for Detection of Atrial Fibrillation*, in: JACC Clinical Electrophysiology 5 (2019), S. 199–208

172 Bashar, Syed Khairul et al.: *Atrial Fibrillation Detection from Wrist Photoplethysmography Signals Using Smartwatches*, in: Scientific Reports 9 (2019), S. 15054

173 Dobberschütz, Karin: *Ein kleines Land schreibt E-Health groß.* Gesundheit und Gesellschaft Digital 2019, https://www.gg-digital.de/2019/06/ein-kleines-land-schreibt-e-health-gross/index.html

174 *Digitale Medizin – wie sie schon heute hilft*, in: rbb Praxis Feature

(25.09.2019), https://www.rbb-online.de/rbbpraxis/archiv/
digitale-medizin-wie-sie-schon-heute-hilft.html
175 Isaksson, David: *AI can predict septic shock*. Linköping University
2020, https://liu.se/en/news-item/ai-forutsager-septisk-chock
176 Niiler, Eric: *An AI Epidemiologist Sent the First Warnings of the
Wuhan Virus*, in: Wired (25.01.2020), https://www.wired.com/
story/ai-epidemiologist-wuhan-public-health-warnings/
177 Lutterotti, Nicola von: *Falsche Diagnosen passieren häufiger als
man denkt*, in: Neue Zürcher Zeitung (21.01.2019), https://www.
nzz.ch/wissenschaft/falsche-diagnosen-ld.1452337
178 Gulshan, Varun et al.: *Development and Validation of a Deep
Learning Algorithm for Detection of Diabetic Retinopathy in
Retinal Fundus Photographs*, in: JAMA 316 (2016), S. 2402–2410
179 Levenson, Richard M. et al.: *Pigeons (Columba livia) as Trainable
Observers of Pathology and Radiology Breast Cancer Images*,
in: PLOS ONE 10 (2015), https://journals.plos.org/plosone/
article?id=10.1371/journal.pone.0141357
180 Opfermann, Justin D. et al.: *Semi-Autonomous Electrosurgery for
Tumor Resection Using a Multi-Degree of Freedom Electrosurgical
Tool and Visual Servoing* (2017), https://www.ncbi.nlm.nih.gov/
pmc/articles/PMC5830156/
181 Frias, Lauren: *A robot named Little Peanut is delivering food to
people in quarantine amid the Wuhan coronavirus outbreak,* in:
Microsoft News (2020), https://www.msn.com/en-us/news/
world/a-robot-named-little-peanut-is-delivering-food-to-
people-in-quarantine-amid-the-wuhan-coronavirus-outbreak/
ar-BBZqjSt
182 Senior, Andrew W. et al.: *Improved protein structure prediction
using potentials from deep learning*, in: Nature 577 (2020),
S. 706–710
183 AlQuraishi, Mohammed: *AlphaFold @ CASP13:* »*What just
happened?*« *– Some Thoughts on a Mysterious Universe*, in:
AlQuraishi Blog (09.12.2018), https://moalquraishi.wordpress.
com/2018/12/09/alphafold-casp13-what-just-happened/
184 Trafton, Anne: *Artificial intelligence yields new antibiotic*, in: MIT
News (2020), http://news.mit.edu/2020/artificial-intelligence-
identifies-new-antibiotic-0220
185 Ebd.

[186] Knight: *Defeated Chess Champ Garry Kasparov Has Made Peace With AI.* A. a. O. (Anm. 2)

[187] Tishby, Naftali; Zaslavsky, Noga: *Deep Learning and the Information Bottleneck Principle* (09.03.2015), https://arxiv.org/pdf/1503.02406

[188] Morcos, Ari; Barrett, David: *Understanding deep learning through neuron deletion*, in: DeepMind Blog (21.03.2018), https://deepmind.com/blog/article/understanding-deep-learning-through-neuron-deletion

[189] *Hirnforschung: Schuß durch die Seele*, in: Der Spiegel (06.06.1994), https://www.spiegel.de/spiegel/print/d-13685739.html

[190] Quiroga, R. Quian et al.: *Invariant visual representation by single neurons in the human brain*, in: Nature 435 (2005), S. 1102–1107

[191] Morcos, Barrett: *Understanding deep learning through neuron deletion.* A. a. O. (Anm. 188)

[192] Kozyrkov, Cassie: *Explainable AI won't deliver. Here's why.*, in: Hackernoon (16.11.2018), https://hackernoon.com/explainable-ai-wont-deliver-here-s-why-6738f54216be

[193] Florio, Marta et al.: *A single splice site mutation in human-specific ARHGAP11B causes basal progenitor amplification*, in: Science Advances 2 (2016), e1601941

[194] Jaderberg, Max et al.: *Population Based Training of Neural Networks* (28.11.2017), https://arxiv.org/pdf/1711.09846v2

[195] Knight: *Defeated Chess Champ Garry Kasparov Has Made Peace With AI.* A. a. O. (Anm. 2)

[196] Hao, Karen: *The messy, secretive reality behind OpenAI's bid to save the world*, in: MIT Technology Review (17.02.2020), https://www.technologyreview.com/s/615181/ai-openai-moonshot-elon-musk-sam-altman-greg-brockman-messy-secretive-reality/

[197] Steinschaden, Jakob: *AI-Pionier: »Würde es wirklich intelligente KIs geben, die würden sofort die Erde verlassen«*, in: Trending Topics (30.04.2018), https://www.trendingtopics.at/sepp-hochreiter-jku-ki-ai-kuenstliche-intelligenz-oesterreich-interview/

[198] Zador, Anthony; LeCun, Yann: *Don't Fear the Terminator*, in: Scientific American Blogs (26.09.2019), https://blogs.scientific-american.com/observations/dont-fear-the-terminator/

[199] Bostrom, Nick: *Superintelligence.* Oxford University Press, Oxford 2014

[200] D'Orazio, Dante: *Elon Musk says artificial intelligence is ›potentially more dangerous than nukes‹,* in: The Verge (03.08.2014), https://www.theverge.com/2014/8/3/5965099/elon-musk-compares-artificial-intelligence-to-nukes

[201] Bostrom: *Superintelligence.* A. a. O. (Anm. 199)

[202] Folie, Isabel: *Beherrschen Roboter bald die Welt?* (24.08.2018), http://www.weekend.at/entertainment/beherrschen-roboter-welt/47.081.595

[203] Rosenfeld, Amir; Zemel, Richard; Tsotsos, John K.: *The Elephant in the Room* (09.08.2018), https://arxiv.org/pdf/1808.03305

[204] https://www.huffpost.com/entry/human-intelligence-hi_b_58445242e4b0b93e10f8e328

[205] Gidon, Albert et al.: *Dendritic action potentials and computation in human layer 2/3 cortical neurons,* in: Science 367 (2020), S. 83–87

[206] Wolf, Christian: *Robotik: Intelligenz braucht einen Körper,* in: Spektrum der Wissenschaft (02.07.2018), https://www.spektrum.de/news/intelligenz-braucht-einen-koerper/1574354

[207] Hao, Karen: *Training a single AI model can emit as much carbon as five cars in their lifetimes,* in: MIT Technology Review (06.06.2019), https://www.technologyreview.com/s/613630/training-a-single-ai-model-can-emit-as-much-carbon-as-five-cars-in-their-lifetimes/

[208] Gast, Robert: *Nein, der Quantencomputer ist noch nicht marktreif,* in: Spektrum der Wissenschaft (09.01.2019), https://www.spektrum.de/kolumne/ibm-bekanntgabe-wann-kommt-die-naechste-generation-der-supercomputer/1617490

[209] Ebd.

[210] Arute, Frank et al.: *Quantum supremacy using a programmable superconducting processor,* in: Nature 574 (2019), S. 505–510

[211] Pednault, Edwin et al.: *On »Quantum Supremacy«.* IBM Research Blog 2019, https://www.ibm.com/blogs/research/2019/10/on-quantum-supremacy/

[212] Gurovich, Yaron et al.: *Identifying facial phenotypes of genetic disorders using deep learning,* in: Nature Medicine 25 (2019), S. 60–64

[213] Marr: *28 Best Quotes About Artificial Intelligence*. A. a. O. (Anm. 68)

[214] Brown, Mike: *Not Creating A.I. May Be a Bigger Threat to Humanity, Says Facebook Expert*, in: Inverse (25.08.2018), https://www.inverse.com/article/48391-not-creating-a-i-may-be-a-bigger-threat-to-humanity-says-facebook-expert

[215] Ricker, Thomas: *Alphabet's Tidal moonshot tracks individual fish to help sustainably feed humanity*, in: The Verge (02.03.2020), https://www.theverge.com/2020/3/2/21161029/tidal-moonshot-sustainable-fish-farms

KI — aktueller Forschungsstand und neue Entwicklungen

Bestimmen intelligente Roboter, 4D-Drucker und fliegende autonome Fahrzeuge bald unseren Alltag? Der Tag, an dem wir Supermenschen mit unbegrenzten intellektuellen Fähigkeiten erschaffen können, rückt näher. KI wird völlig neue Branchen und bahnbrechende Innovationen in den Bereichen Medizin, Bioingenieurswesen, Robotik, Weltraumwissenschaft und Militär hervorbringen — mit all ihren positiven und negativen Folgen. Der Autor plädiert für globale Regulierungsstrategien, damit eine friedliche Nutzung gewährleistet ist.

Karim Massimov
KÜNSTLICHE INTELLIGENZ
240 Seiten · ISBN 978-3-7844-3549-7
Auch als E-Book erhältlich

LANGENMÜLLER

langenmueller.de

Müssen wir die Zukunft fürchten?

Corona ist die bisher größte Menschheitskrise im 21. Jahrhundert. Unsere Zukunft wird sich nach dieser Pandemie radikal verändern. Der renommierte Trendforscher Daniel Dettling argumentiert dafür, der verbreiteten Zukunftsangst mit Intelligenz zu begegnen und den Corona-Effekt zu nutzen, um Gesellschaft, Wirtschaft und Demokratie neu zu erfinden. Er bietet Orientierungshilfe und beschreibt, wie wir die Herausforderungen und Chancen der neuen digitalen Welt kreativ nutzen, um nicht Opfer, sondern Gestalter unserer Zukunft zu werden. Wir müssen besser vorbeugen und vorsorgen: in Bezug auf Bildung, Arbeit und Wirtschaft, Gesundheit und Politik.

Daniel Dettling
ZUKUNFTSINTELLIGENZ
464 Seiten · ISBN 978-3-7844-3571-8
Auch als E-Book erhältlich

LANGENMÜLLER

langenmueller.de